霸权羁缚

美国在国际经济领域的"长臂管辖"

Fetters by the Hegemon:
American Long-arm Jurisdiction over
International Economy

戚 凯 ◎ 著

中国社会科学出版社

图书在版编目(CIP)数据

霸权羁缚：美国在国际经济领域的"长臂管辖" / 戚凯著. —北京：中国社会科学出版社，2021.3 (2024.12 重印)

ISBN 978 – 7 – 5203 – 7769 – 0

Ⅰ. ①霸… Ⅱ. ①戚… Ⅲ. ①经济政策—研究—美国 Ⅳ. ①F171.20

中国版本图书馆 CIP 数据核字（2021）第 018319 号

出 版 人	赵剑英
策划编辑	白天舒
责任编辑	孙砚文
责任校对	季　静
责任印制	李寡寡

出　　版	中国社会科学出版社
社　　址	北京鼓楼西大街甲 158 号
邮　　编	100720
网　　址	http://www.csspw.cn
发 行 部	010 – 84083685
门 市 部	010 – 84029450
经　　销	新华书店及其他书店

印　　刷	北京明恒达印务有限公司
装　　订	廊坊市广阳区广增装订厂
版　　次	2021 年 3 月第 1 版
印　　次	2024 年 12 月第 2 次印刷

开　　本	650×960　1/16
印　　张	12
字　　数	162 千字
定　　价	68.00 元

凡购买中国社会科学出版社图书，如有质量问题请与本社营销中心联系调换
电话：010 – 84083683
版权所有　侵权必究

前　言

　　回顾2009年以来的十年，美国对华态度的变化不是突变，而是在双边关系的战略定位、安全和军事关系、经贸关系、政治互动与人文交流等各方面的消极因素交替出现，从量变最终演化为质变。

王缉思　《如何判断美国对华政策的转变》

　　一个自由主义霸权的生存法则是非常简单的：多一些自由主义，少一些霸权主义。然而实际情况显然并非如此，美国经常过于追求自身狭隘的利益，这使得盟友们开始疏远美国，而且敌人们的情绪还受到了鼓舞。

［美］法里德·扎卡里亚　《美国权势的自我毁灭》

　　据我本人的日常切身感受来说，在中国写一本主题与美国霸权相关的书，必然是存有风险的。原因很简单，在中国，即使是受过良好教育的人群，看待美国的态度往往也还是"非黑即白"的。"霸权"，尽管在国际关系学里可以是一个中性表述，仅仅描述一种领导权力与状态，但在现实中它却被赋予太多的爱恨情仇色彩。在一些中国人的眼中，美国霸权是一种救世主的存在，在另一些中国人眼中，则是恶魔的象征。我无意于挑起这种争论，更不想加入这样的争论。本书于我而言，只是一种尝试，尝试着以美国本身作为标杆，以它司法管辖改革的历史为参照，去描述清楚"长臂管辖"的起源、演变与现状。这个尝试可能还是有一点意义的。

如果有人一定要逼问我，"那你本人究竟是什么观点呢？"我想，我所引用的两份开篇词应该已经做了很好的回答。

在我们日常的思维方式里，绝大多数人评价一个观点时，特别喜欢从发言者的身份谈起，身份与经历被认为决定了观点。所以在此，我不妨也循此例。王缉思教授曾任北京大学国际关系学院院长、中国社会科学院美国研究所所长，长期从事美国问题研究，是国内最权威的美国问题大家之一。法里德·扎卡里亚博士出生于印度，在耶鲁大学和哈佛大学接受了最优异的美式教育，最终定居美国，成为全球知名的国际问题评论家。

从他们日常的评论与著述中，我可以深切感受到这两位学界前辈对于美国的认识之深，也常常可以看到他们对于美国优点毫不保留地赞扬，那么我有足够的理由相信他们对于美国缺点的批评一样是中肯的。这也是我撰写此书后所得到的感受，美国在国际经济领域所采取的域外管辖，也就是本书所称的"长臂管辖"，做得太过，走得太远。这些过分之举，不仅伤害了其他所有国家，也伤害了美国自身。

我在撰写第一本专著《美国的能源安全研究及启示》时，就喜欢上了梳理历史脉络的研究方法。这可能是我个人的偏好，但这种方法对研究而言，却又有无尽的益处。它有助于我们更清楚地了解，当下这些棘手的难题，在最初的时候是怎样的情形，又是如何一步步弄成今天的狼狈局面的。在撰写本书的过程中，我延续了这一做法。

《圣经·传道书》里说"太阳底下无新事"。梳理历史时，我常常会感觉自己的发现实在是为这句古谚添加了新鲜的案例。譬如，如果了解到1987年美国针对日本东芝公司所采取的制裁，或者是2013年法国阿尔斯通集团高层在美国所面临的牢狱之灾，我们就会觉得中国的华为集团在近年来所遭遇的所有挑战，实在只是历史的重复而已。

本书的主要内容包含如下几个部分。

第一，将"长臂管辖"最原始的脸谱复原清楚，这是一项正本清源的重大工作。

第二，介绍美国为施展"长臂管辖"所做的准备，以及这些准备背后的基础是什么。这其中我最大的体会应该是，霸权国之所以是霸权国，究其根本是强大的国力，并且这种优势有自我强化的潜能，即"强者更强"。包括中国在内的广大国家，如果急于为一些暂时的成就沾沾自喜，自傲自大，轻视美国的实力，那应该不是一个明智的选择。

第三，说明美国实施"长臂管辖"的具体手段、特征及历史。"长臂管辖"之所能够成为美国悬于全球所有企业与企业家头上的达摩克利斯之剑，美国政府的当权者，特别是行政部门的官员，发挥了至关重要的作用。官僚集团的无节制扩张，是古往今来一切国家政治健康发展的重大隐患。美国国内许多像法里德·扎卡里亚博士这样的有识之士，都对美国的国内政治难题深感忧虑。

第四，回顾了两段并不久远的历史故事，日本东芝公司的机床出口案与法国阿尔斯通公司的高管行贿案，它们都曾在美国的"长臂管辖"之下苦苦挣扎，这是绝佳的"太阳底下无新事"的例证。

第五，有针对性地关注了美国与中国之间围绕"长臂管辖"所展开的斗争，这应该也是两国各界人士目前最关心的问题。事实上，世界各国都极为关心。当美国制裁华为案愈演愈烈之时，我的北欧同行略带无奈地告诉我，"你们之间的斗争真的是害惨了我们这些欧洲国家"。

当然，我本人对此书内容的一切不足负有全部责任，虚心接受读者们的批评指正。

最后，我想说的是，作为一个接受了中国与美国高等教育的人，我始终对美国的成就抱有敬佩之意，也非常了解历史上美国在不同阶段给予中国的真诚帮助。我不敢臆断中美关系的未来大方向，但我深知，其一，几乎不可能有永恒的霸权，其二，历史上人类社会为了霸权更迭付出了太多惨痛的代价。我衷心祈盼第二点不再历史重现，虽然这可能只是理想主义。

目 录

第一章 法学视域中的"长臂管辖":理论与实践演变 / 1
    第一节 美国国内民事法领域的管辖权问题 / 1
    第二节 "长臂管辖"在美国国内民事法领域的正式诞生 / 6
    第三节 国际法中的"长臂管辖":域外管辖权 / 13

第二章 美国在国际经济领域的"长臂管辖":历史先声与现实基础 / 20
    第一节 美国谋划在国际经济领域实施"长臂管辖"的历史先声 / 20
    第二节 美国在国际经济领域得以实施"长臂管辖"的现实基础 / 34

第三章 美国在国际经济领域的"长臂管辖":理论准备、具体实践与发展阶段 / 55
    第一节 美国为在国际经济领域施行"长臂管辖"所做的理论准备 / 55
    第二节 美国在国际经济领域"长臂管辖"的实践主体、手段与特征 / 59
    第三节 美国在国际经济领域"长臂管辖"的发展阶段 / 85

第四章　美国在国际经济领域的"长臂管辖"：典型案例　/　95
　第一节　日本：东芝机床出口案　/　95
　第二节　法国：阿尔斯通高管行贿案　/　105

第五章　美国在国际经济领域的对华"长臂管辖"　/　115
　第一节　早期对华"长臂管辖"的情况　/　115
　第二节　对华"长臂管辖"进入频繁期　/　118
　第三节　特朗普上台以来对华"长臂管辖"的
　　　　　白热化　/　125

第六章　余论　/　135

附　录　/　142

参考文献　/　163

致　谢　/　181

第一章　法学视域中的"长臂管辖"：理论与实践演变

第一节　美国国内民事法领域的管辖权问题

"长臂管辖"（Long Arm Jurisdiction）从根本上来说，是一种"管辖"的权力。对这种管辖权力做出清晰的梳理，是客观认识美国进行所谓"长臂管辖"的根本前提。国内外法学界普遍认为，凡论及法律事务，首要的问题就在于管辖权。[①]

基于不同国家的不同法系，以及国内法、国际法语境的差异，管辖权的含义有较大区别。大陆法系国家一般谈及的"管辖权"（Competency）具有广义的内涵，可将其理解为对司法机关（一般包含警察、检察和法院三机关）职权或职能的划分。譬如中国社会科学院法学研究所就认为"管辖"是"司法机关之间直接受理案件和法院系统内受理第一审案件的权限范围的划分"，它囊括民事诉讼、行政诉讼和刑事诉讼，"明确、合理地确定司法机关之间的各自管辖的范围，可以保证其各司其职，避免因管辖不明而发生相互推诿，拖延诉讼的现象"[②]。

---

① 英文为 Jurisdiction 或 Competency，中文世界里常见译为"管辖权"或"管辖"两者皆可。

② 中国社会科学院法学研究所《法律辞典》编委会编：《法律辞典》，法律出版社2003年版，第527页。

英美普通法系①对"管辖权"（Jurisdiction）的定义则较为狭窄，主要强调的是法院的权力。《美国法律辞典》(The American Law Dictionary) 中将"管辖权"界定为"法院从事其行为，包括审理和判决案件的权威在内的权力。管辖权确定了一个特定的法院行使司法权力的界限。司法权是通过对管辖权的分配而特别授予的"。②《牛津法律辞典》(Oxford Dictionary of Law) 将"管辖权"定义为"一个法院聆听并决断某案件或做出特定命令的权力"。③ 余文景在《汉译简明英国法律辞典》中将"Jurisdiction"进一步直白地译为"审判权"，定义为"（1）一个法院，或一个法官有受理那一宗诉讼、申请、或其他的程序的权力；（2）一个法院的判决或命令，能够在一个地区或范围内，来执行或实施的权力"。④《巴朗法律辞典》(Barron's Law Dicitionary) 将"Jurisdiction"解释为"聆听并裁决案件的权力"，但又进一步对其做出了具有限定色彩的解释，"该权力的建立与解释可能需要涉及某个专门类别中的特定概念或特定当事方。对于裁决权而言，一项有效的管辖权需要向涉案各方有效送达通知并准许其获得陈述的机会。如果没有管辖权，那一座法院的判决就

---

① 普通法系（Common Law，中文翻译为"普通法"，是取其"普遍通行"之意），又称"英国法系"或"海洋法系"。起源于中世纪的英格兰，目前世界人口的1/3（约24亿人）生活在普通法司法管辖区或混合民法系统中。该法系与欧陆法系（Civil Law，又称"大陆法系"）并称为当今世界最主要的两大法系。从法律渊源来看，普通法系的特点就是判例法，即反复参考判决先例（Precedent），最终产生类似道德观念一般的普遍的、约定俗成的法律（Customary Rules）。以普通法系构成法律系统基础的代表国家有英联邦国家、美国等。与普通法系相平行的欧陆法系，特点则是注重成文法，有悠久的编撰法典的传统，通常不承认判例法，实行欧陆法系的代表国家有中国、德国、法国、荷兰、日本、北欧诸国等。另外，如韩国、菲律宾、南非等国家采用两种体系并存的混合法律。在全球化时代，普通法系与欧陆法系也存在大量的交流与融合。参见 Encyclopædia Britannica 有关 Common Law 与 Civil Law 词条的内容。
② [美] 彼得·G. 伦斯特洛姆编：《美国法律辞典》，贺卫方等译，中国政法大学出版社1998年版，第62页。
③ Elizabeth A. Martin, ed., Oxford Dictionary of Law, Shanghai: Shanghai Foreign Language Education Press, 2007, p. 272.
④ 余文景编译：《汉译简明英国法律辞典》，大块文化出版公司1973年版，第158页。

是无效的。一座法院必须同时拥有事物管辖权（Subject Matter Jurisdiction）与属人管辖权（In Personam Jurisdiction）"①。这些表述都进一步凸显了英美普通法系中法院与管辖权之间的核心联系。

美国是一个实行普通法的国家。从建国以来，美国在司法实践中就高度重视管辖权的问题。是否具有管辖权，是法院接纳诉讼所要考虑的首要问题。其判断标准有两个方面：第一，有相应的立法授权赋予法院对被告行使管辖的权力，譬如宪法规定美利坚合众国为一方当事人的诉讼案件必须由联邦法院管辖，因此州法院就不具备此项管辖权；②第二，行使管辖权必须符合美国宪法所规定的正当程序条款（Due Process of Law）。正当程序条款源自于美国宪法修正案第5条和第14条，"未经正当法律程序，不得剥夺任何人的生命、自由或财产……亦不得未经正当法律手续使任何人丧失其生命、自由或财产"③。它使得法院在意图对个人行使管辖权时，必须确定符合三项条件：（1）对当事人送达传票；（2）给予当事人听审的机会；（3）有正当的管辖依据。同时满足以上三项条件，才足以确定这种管辖权的成立。④

在美国长期的司法实践中，国内民事法领域内确定了三种获得承认的司法管辖权：属人管辖权（In Personam Jurisdiction）、属物管辖权（In Rem Jurisdiction）、准属物管辖权（Quasi In Rem Jurisdiction），⑤其中属人管辖权的实践最为常见，与"长臂管辖"的联系也最为密切。属人管辖权是指某法院具有确定当事人之间权利和

---

① ［美］史蒂芬·格菲斯：《巴朗法律辞典》，蒋新苗译，中国法制出版社2012年版，第368—369页。
② US Constitution, art. 3, sec. 2.
③ US Constitution, amend. 5; US Constitution, amend. 14, sec. 1.
④ 郭玉军、甘勇：《美国法院的"长臂管辖权"——兼论确定国际民事案件管辖权的合理性原则》，《比较法研究》2000年第3期。
⑤ 韩培德、韩建：《美国国际私法（冲突法）导论》，法律出版社1994年版，第21—25页。

义务的权限，并且其本身具有约束当事人的权力。① 传统上，美国法院对民事诉讼被告行使管辖权是以被告本人的出现或传票的有效送达为依据的，这一点与前宗主国英国的司法惯例相一致。② 传统的属人管辖权适用依据是"存在"（Presence），强调被告与法院之间必须存在适当联系。所谓的"适当联系"包括三种情形：被告的居所或住所在法院的辖区；被告放弃管辖权异议；被告出现在法院辖区。③ 这三条依据传统是基于传统普通法的效果原则和自愿服从原则的，是高度强调地域排他性原则的。1877 年美国联邦最高法院通过对"彭诺耶诉纳夫"案（Pennoyer v. Neff）的判决，确立了属人管辖权必须通过"领土主权的方法"④ 来行使的原则，最高法院认定每个州对其境内的人和物拥有排他的管辖权和主权，"这三种传统的基础是宪法所允许的仅有的基础"，⑤ 这一宣告实际上限制了一州法院对他州居民的管辖权。

"彭诺耶诉纳夫"案的起源及基本案情如下：该案起源于"米歇尔诉纳夫"案，约翰·米歇尔（John Mitchell）为俄勒冈

---

① 韩培德、韩建：《美国国际私法（冲突法）导论》，法律出版社 1994 年版，第 22 页。

② 刘力：《国际民事诉讼管辖权研究》，中国法制出版社 2004 年版，第 104 页。

③ ［美］罗伯特·C. 卡萨德：《论美国民事诉讼中的管辖权》，刘新英译，《法学评论》1999 年第 4 期。

④ 领土主权一般被认为涉及国家与国家之间的关系，但在美国私法中，涉外因素的"外国"或"外地"（Foreign），应做广义理解，即既包括一个国家中的不同法域（Territorial Legal Unit），也包括外国国家。"Foreign"一词在美国国际私法中一般就是既可以指代外州，也可以指代外国，除非法律另有明确规定。因此，此处所说的"领土主权"实际上涉及的是美国各州在本州管辖领域所拥有的权力问题，依照美国宪法规定，除明确规定属于联邦的权力外，州拥有庞大的自主权力，可以被视为一种"主权"。参见韩培德、韩建《美国国际私法（冲突法）导论》，法律出版社 1994 年版，第 1 页；Paul A. Arnold, *About America: How the United States Is Governed*, Herndon, Va.: Braddock Communications, 2004, p. 5.

⑤ ［美］罗伯特·C. 卡萨德：《论美国民事诉讼中的管辖权》，刘新英译，《法学评论》1999 年第 4 期。

州马尔托马县（Multnomah County, Oregon）的一名律师，他声称为马可斯·纳夫（Marcus Neff）提供了法律服务，后者欠他大约300美元律师费。因此，米歇尔在俄勒冈州马尔托马县的州法院起诉纳夫，要求其付款。然而，当米歇尔起诉时，纳夫住在加利福尼亚州。由于在俄勒冈州无法找到纳夫，米歇尔因此无法提起对人诉讼。但纳夫在俄勒冈州的马尔托马县拥有一块土地，米歇尔于是以这块土地作为管辖权依据提起了准对物诉讼。米歇尔起诉纳夫后，根据俄勒冈州法律的要求，将诉讼通知刊登在报纸上。

然而，米歇尔和俄勒冈州法院均没有注意到法院在诉讼开始时扣押纳夫土地的必要性。纳夫由于在加利福尼亚州未能看到刊登在俄勒冈州报纸上的诉讼通知，因而对米歇尔起诉他一事毫不知情，也就没有在法律规定的期间内到堂应诉。俄勒冈州的法院判决米歇尔胜诉，在执行中法院扣押了纳夫的土地，米歇尔从法院买下该土地后又把这块土地转卖给斯尔维斯特·彭诺耶（Sylvester Pennoyer），之后彭诺耶举家迁入该地块。当纳夫从加利福尼亚州回来后，发现彭诺耶居住在自己的土地上，于是就起诉到联邦法院要求彭诺耶归还土地。联邦初审法院判决纳夫胜诉，彭诺耶不服，上诉到联邦最高法院。

这样一来，彭诺耶诉纳夫案的胜败就取决于米歇尔诉纳夫一案的判决是否有效。最高法院维持了原判，但理由不同于联邦初审法院，最高法院认为由于俄勒冈州的法院没有在诉讼开始时扣押纳夫的财产，没有获得准对物管辖权，因此州法院所作判决无效。彭诺耶诉纳夫案最重要的意义在于，最高法院通过此判决确立了一个管辖权规则：即州法院不能对被告行使属人管辖权，除非该被告自愿接受管辖，或其居所或住所在该州，或当其出现在该州时被合法传唤。①

在确定法人是否"存在"的问题上，美国法院也确立了一定的方法。譬如当公司在该州设有办公室、职员、银行账户时，该公司可被视为"存在"于该州，法院可将传票传达给其职员，如果没有职员，送达给州秘书长，也可被视为有效送达。总的来看，在美国早期漫长的司法实践中，对法人确立管辖权也是依据"领土主权"原则的。②

第二节 "长臂管辖"在美国国内民事法领域的正式诞生

然而，进入20世纪以来，随着经济的发展，彭诺耶诉纳夫案所确立的排他性管辖权原则越来越难以适应现实的发展。美国法学教科书中广为引用的"跨州驾车"例证就是对上述挑战最生动的描述：汽车的出现使得人们很容易进行跨州旅行，当A州居民驾车进入B州境内，并在B州造成交通事故后，又很快离开B州，按照"彭诺耶诉纳夫"案所确立的排他性管辖原则，B州法院就很难对该A州居民行使管辖权，除非该A州居民在离开B州前愿意接受B州法院的合法管辖。③

为了弥补这项缺陷，一些州开始通过立法寻求对现行法律的调制，此举也获得了最高法院的支持。譬如，随着汽车的愈发普及，一些州立法机关制定了州法，规定任何人（包括本州或外州居民）

---

① 王学棉：《美国民事诉讼管辖权探究——兼论对 Personal Jurisdiction 的翻译》，《比较法研究》2012年第5期；Pennoyer v. Neff, 95 US 714，1878。
② 郭玉军、甘勇：《美国法院的"长臂管辖权"——兼论确定国际民事案件管辖权的合理性原则》，《比较法研究》2012年第5期。
③ [美]罗伯特·C.卡萨德：《论美国民事诉讼中的管辖权》，刘新英译，《法学评论》1999年第4期。

在该州道路上驾驶车辆，就意味着此人同意接受本州法院对因驾驶引发的所有诉讼案件的管辖权。譬如，新泽西州等地方州都有设置本州法律，规定"任何人一旦在该州的道路上驾驶车辆，就意味着同意接受该州法院对任何由此行为引起的诉讼案件的管辖权"。①

1915年"亨德里克诉马里兰州"（Hendrick v. Maryland）案、1927年"赫斯诉保罗斯基"案（Hess v. Pawloski）都是涉及跨州驾车及管辖权的著名判例，最高法院在终审判决中最终都维持了地方州的判决。实质上，这些判决侵蚀了彭诺耶诉纳夫案中最高法院确立的"领土主权"管辖权原则，但最高法院又认为这类州法所建立的对非本州居民的管辖权是合乎宪法的。因此，跨州管辖权的重大基础问题始终没有得到根本性解决。

"亨德里克诉马里兰州"案的起源及基本案情如下：约翰·亨德里克（John T. Hendrick）为非马里兰州居民，1910年7月27日他驾车离开位于首都华盛顿哥伦比亚特区的办公室，在驶入马里兰州乔治王子郡（Prince George's County）的高速公路路段后，被当地警察逮捕并被当地治安法官（Justice of the Peace）处以罚金，罪名是未能按照1910年7月1日施行的马里兰州交通法规第133条之规定购买相应的车辆注册费用标签。

亨德里克认为马里兰州无权对自己这个外州居民征收该类费用，且该规定违宪并涉嫌歧视非本州居民与跨州贸易权利，故而上诉，直至闹上联邦最高法院。1914年11月11日和12日，最高大法官们对此案进行了讨论，1915年1月5日判决亨德里克败诉，支持了马里兰州的管辖权。

判决词指出，汽车在高速公路上的移动，对公共安全产生

---

① The New Jersey Automobile Law of 1906, as amended in 1908, P. L. 1908, p. 613.

持续且严重的威胁,并且损耗高速公路本身,因此高速公路所在州的警察理应对其进行管辖。当缺乏针对该类问题的全国性立法时,一州可以出于维护高速公路安全与规范行车操作的目的,制定相应统一规定,跨州商业性质的高速公路运输活动也应在管辖范围之内。

判词中主要在三个方面详细解释说明了州在本区域范围内高速公路上的收费权问题:一、说明了不构成歧视具体理由(费用是固定可循的+非本州居民并不能把自己在原州的免费通行权带到案件所在州);二、收费形式是按照年费或半年费收,还是按照里程收是州政府的权力,收费所针对的不仅仅是过境车,也包括目的地在所在州的车;三、收费的依据不仅包括管理和检视公路,也包括公路建设维护费用。①

"赫斯诉保罗斯基"案的起源与基本案情如下:1927年春季,来自马萨诸塞州的居民保罗斯基驾驶自己的福特牌汽车行驶在马萨诸塞州境内3号公路上,在公路上某处被宾夕法尼亚州居民赫斯所驾驶的大众牌汽车追尾。该起交通事故发生之后不久,保罗斯基在马萨诸塞州境内法院起诉赫斯,要求赫斯就其驾驶过错承担民事侵权损害赔偿责任。按照马萨诸塞州法律规定,赫斯作为非本州居民,因在马萨诸塞州境内驾车,等同于赫斯默认马萨诸塞州车辆管理部门为自己在该州的传票送达代理人(Agent for Service of Process)。事实上,赫斯也及时收到了本案相关的传票和司法文件。然而,赫斯对马萨诸塞州内法院对自己的管辖权存有异议。他特别声明,他本人到马萨诸塞州内法院出席庭审的行为在性质上属于"特别应诉"(Special Appearance),而非"一般应诉"(General Appearance)。

---

① 参见 Hendrick v. Maryland, 235 U.S. 610, 1915。

在马萨诸塞州地方法院、上诉法院和州最高法院陆续驳回了赫斯提出的管辖权异议抗辩和程序性上诉后，赫斯以民事诉讼被告身份参加了马萨诸塞州地方法院对本案的审理，陪审团判决赫斯败诉。

赫斯随即向联邦最高法院提起上诉，其主要抗辩理由包括以下两方面：第一，马萨诸塞州有关非本州居民传票送达代理人的地方法令违背宪法第14条修正案的正当程序条款；第二，马萨诸塞州法院系统对自己不具备司法管辖权，因为他既非马萨诸塞州居民，也并未在马萨诸塞州服务，也不同意马萨诸塞州车辆管理部门为自己在该州的传票送达代理人。

最高法院最终并未支持赫斯的观点，而是指出美国各州都有权做出规定：外州驾车者行使在本州道路上的行为本身就默认了一种未言明的条件，即承认公路所在州的法院对由于驾车这种行为所引起的诉讼案件都具有管辖权。马萨诸塞州的法律内容符合美国联邦宪法正当程序的要求，而并非与之相冲突。[①]

不过，应该注意到的是，最高法院在上述案件中所确立的依然是基于"领土主权"的司法管辖权原则，即美国各州对本州边界内的人和财产都具有排他性的司法管辖权。

直至1945年，联邦最高法院终于在"国际鞋业公司诉华盛顿州"一案（International Shoe Co. v. Washington）的判决中改革了属人管辖权的理论基础，提出了新的"最低限度联系"（Minimum Contacts）原则。这实际上标志着美国法院在国内民事法领域的管辖正式进入了"长臂管辖"的时代。

"国际鞋业公司诉华盛顿州"一案的大致案情如下：国际

---

① 参见 Hess v Pawloski, 274 U.S. 352, 1927。

鞋业公司成立于特拉华州，其主要营业地在密苏里州。1937—1940年，国际鞋业公司在华盛顿州雇佣了十余名华盛顿州居民为本公司的推销员，但公司在华盛顿州境内没有设立办公室，除了让这些推销员在华盛顿州为其征集订单外，公司在华盛顿州没有其他商业活动。推销员有时在华盛顿州境内租用房间作为公司产品的展览室，租金由公司报销。推销员没有签订合同的权力，必须将所有订单交由公司总部批准。公司每年付给这些推销员的佣金总额约为3.1万美元。华盛顿州政府依据本州法律提起诉讼，要求基于国际鞋业公司付给本州居民推销员的佣金而向该公司征收失业救济基金，一审判决华盛顿州政府胜诉。之后，国际鞋业公司向最高法院提起上诉，该公司认为华盛顿州法院对自己不具有管辖权，法院行使管辖权违反了宪法正当程序规定。最高法院最终判决国际鞋业公司败诉，并指出虽然国际鞋业公司不在华盛顿州成立，主要营业地也不在华盛顿州，但涉及本案的缴纳义务直接产生于国际鞋业公司在华盛顿州的活动，因此华盛顿州法院对其行使管辖权符合宪法。最高法院在本案中提出了"最低限度联系"一说，建立了新的确定管辖权的标准。①

根据新的原则，当被告与法院之间存在某种最低限度的联系，且基于此种联系的诉讼不违背传统的公平和实体正义的观念（Traditional Notions of Fair Play and Substantial Justice）时，法院就可以对一切本州或外州的居民和法人行使管辖权——这是对传统"领土主权"管辖权依据原则的重大修正。

在此之后，最高法院又通过一系列的判例，进一步确定了"最

---

① 参见 International Shoe Co. v. Washington, 326 US 310, 1945。

第一章 法学视域中的"长臂管辖":理论与实践演变 / 11

低限度联系"标准的界限。① 然而,这些界限划定在司法实践过程中所能起到的作用存在争议。

总的来说,"最低限度联系"原则表示,任何本州或非本州的居民或法人,即使没有在本州法院管辖地域内出现,只要他/她/它与当地存在某种联系,当地法院就倾向于可以对其行使管辖权。因此,这一新的管辖权确立原则直接促使各州法院积极扩大自己的管辖权。1955 年,伊利诺伊州以"最低限度联系"为指导原则,制定了全美第一部长臂管辖法(Long Arm Statute)。②

北达科他州在 1967 年颁布了类似的法案,后于 1971 年 6 月又将其写入该州的民事诉讼程序中。与此同时,先后有 35 个州也通过了类似的法案,如明尼苏达州、南达科他州、蒙大纳州。而比较有代表性的州长臂管辖法律是美国统一私法协会制定的《统一联邦和州示范法》有关长臂管辖权的规定。实际上,这部示范法对美国大多数州的长臂管辖权起到了真正意义上的指导与示范作用。

州的长臂法分为两种,一种是有关长臂管辖权的具体适用范围的规定,如"商业交易活动""侵权行为的发生",伊利诺伊州和纽约州的法律即属此类;另一种是规定只要符合正当程序的要求便可行使管辖权,加州法律即属此类。③

迄今为止,只有州一级的立法机关制定了适用于本州的长臂管辖法,联邦层面缺乏类似的法律,但联邦法院的长臂管辖权并未因

---

① 参见 Perkins v. Benguet Consolidated Mining Co., 342 U.S. 437, 1952; McGee v. International Life Insurance Co., 355 U.S. 220, 1957; Hanson v. Denckla, 357 U.S. 235, 1958; World-Wide Volkswagen Corp v. Woodson, 444 U.S. 286, 1980; Helicopteros Nacionales de Colombia, S.A. v. Hall, 466 U.S. 408, 1984; Burger King v. Rudzewicz, 471 U.S. 462, 1985; Asahi Metal Industry Co. v. Superior Court, 480 U.S. 102, 1987。

② Act submitting to jurisdiction-Process, Illinois Compiled Statutes, ch. 735, no. ILCS 5, sec. 209.

③ 参见 http://bjgy.chinacourt.gov.cn/article/detail/2017/02/id/2539799.shtml, 2017。

此缺位，反而获得了强有力的保障。

《联邦民事诉讼程序规则》（*Federal Rules of Civil Procedure*）向联邦法院提供了全面的管辖授权。

1. 授权联邦地区法院（US District Court）可以借用法院所在州的长臂管辖法规；①

2. 联邦任何一部成文法含有相应长臂管辖授权规定，即可行使该长臂管辖权；②

3. 不适用于任何州法院一般管辖的被告，只要行使管辖权符合美国宪法及法律，就可以对其确立长臂管辖权，③ 这一条实际上主要就是针对非美国被告（包含个人与法人）的。

在实践中，当外国公民个人或公司与美国任何一州都不存在"最低限度联系"时，美国联邦法院可以声称其与美国整体存在显著联系，对其实行管辖权并不违背美国宪法的正当程序条款。

长臂管辖权和长臂管辖法在美国司法体系中的出现，具有非常重大的意义，产生了广泛的后续影响。尽管狭义的"长臂管辖"与"长臂管辖法"在严格的法学学理领域中，是美国一国范围内一个单纯的国内民事法领域的问题，但它的出现和实践，实际上是对美国建国以后至20世纪前司法管辖根本原则——"属地原则"的一个重大突破。

自美国建国至20世纪前期，美国在国际法领域一直坚持"属地原则"（Territoriality Principle），即一国对其领土范围内的行为、行为者和资源具有绝对和排他的最高权威，但这种管辖权不能超出其领土范围之外。1812年，美国首席大法官约翰·马歇尔（John Marshall）对此有过权威表述，"一国在其领土范围内的管辖权必须

---

① Fed. R. Civ. P. 4 (k) (1) (A).
② Fed. R. Civ. P. 4 (k) (1) (C).
③ Fed. R. Civ. P. 4 (k) (1).

是排他且绝对的。此管辖权不受除自己施加的限制以外的任何制约……对其在其领土范围内充分绝对权力的任何例外，都必须获得该国自身的同意"。①

上述法理信念的根本变动对整个法律体系的撼动及对全社会的影响是巨大的。"长臂管辖"所体现的"长臂"精神、贯彻原则与执行方式迅速扩散到国际法领域，美国开始频繁行使域外管辖权（Extraterritorial Jurisdiction）。域外管辖权是一种基于国际法的概念，在下节我们将予以仔细的讨论。

第三节　国际法中的"长臂管辖"：域外管辖权

国际法（International Law），又被称为"万国法"（Law of Nations），一般被定义为"国家之间的法律，是国家在其相互交往中形成的，主要用来调整国家之间关系的有法律约束力的原则、规则和制度的总称"。国际法有时也被称为国际公法，以区别于国际私法（国际私法又被称为"冲突法"，Law of Conflicts），但是，随着人类社会交往日益密切，国际私法的应用越来越频繁，同样需要得到国家间的认可，并且也需要符合国际公法的一些基本原则。因此国际公法、国际私法都可以被视为广义上的国际法。②

国际法领域的主要权威机构是设立于荷兰海牙的国际法院

---

① 胡剑萍、阮建平：《美国域外经济制裁及其冲突探析》，《世界经济与政治》2006年第5期；William H Rehnquist, "Constructing the State Extraterritorially: Jurisdictional Discourse, the National Interest, and Transnational Norms", *Harvard Law Review* 103, No. 6, 1990, p. 1276.

② 参见江国清《演变中的国际法问题》，法律出版社2002年版，第1—2页；李双元、欧福永主编：《国际私法》，北京大学出版社2006年版，第15页；韩培德、韩建：《美国国际私法（冲突法）导论》，法律出版社1994年版，第1页。

(International Court of Justice)①。国际法院前院长罗萨琳·希金斯（Rosalyn C. Higgins）为"域外管辖权"所下的定义为："从逻辑上来看，所有不基于属地原则的管辖权都属于域外管辖权。"② 在民族国家林立的国际政治现实面前，行使域外管辖权就必然要突破领土的局限。然而，各国在行使域外管辖权时，所受到的基于国际法的限制又是有限的，这主要源于国际联盟（League of Nations）海牙常设国际法院（Permanent Court of International Justice）在1927年"莲花号案"的判决中所确定的一项重要原则，即国家对管辖权的划定拥有较宽泛的自由裁量权，国际法对其的约束是较为有限的。③

"莲花号案"大致情况及后世评价如下：1926年8月2日，法国邮船"莲花号"（S. S. Lotus）在地中海的公海与土耳其船"博兹库特号"（S. S. Bozkurt）碰撞，"博兹库特号"被撞沉，8名土耳其人死亡。当"莲花号"抵达土耳其港口伊斯坦布尔时，土耳其对这起事件进行了调查，称该事件是"莲花号"上的负责值班人员法国海军上尉戴蒙斯（Monsieur Demons）的失职所致，故将其逮捕，并在伊斯坦布尔提出刑事诉讼。土耳其法院依据土耳其刑法第6条规定，"任何外国人在

---

① 国际法院是联合国六大主要机构之一和最主要的司法机关，是主权国家政府间的民事司法裁判机构，根据《联合国宪章》于1945年6月成立，并于1946年4月开始运作。国际法院的主要功能是对各国所提交的案件做出有法律约束力的仲裁，并就正式认可的联合国机关和专门机构提交的法律问题提供咨询意见。国际法院是具有明确权限的民事法院，没有附属机构，对其他国际法庭没有管辖权。国际法院没有刑事管辖权，因此无法审判个人。国际法院由15名法官组成，任期9年，可连选连任；设书记官处。工作语言为法语与英语。法院成员不得从事任何其他职业性工作。参见 Wikipedia-International Court of Justice。

② Rosalyn Higgins, *Problems and Process: International Law and How We Use It*, New York: Oxford University Press, 1994, p. 73.

③ Rosalyn Higgins, *Problems and Process: International Law and How We Use It*, New York: Oxford University Press, 1994, pp. 76–77.

国外犯罪侵犯土耳其或土耳其臣民之罪行时，若土耳其法律规定该犯罪行为应受惩罚者，若此人在土耳其被逮捕，则应受惩办"，对戴蒙斯进行了审判，并于1926年9月15日作出了刑事判决，刑罚措施包括短期监禁和罚款。

法国立即对此提出抗议。两国于1926年10月12日签订了一项特别协议，将此案提交海牙常设国际法院，请求法院裁判：土耳其对法国公民戴蒙斯的审判是否违反了国际法原则，以及如果回答是肯定时，应如何给予戴蒙斯以赔偿。

土耳其坚持认为它对本案有管辖权，其法律根据是土耳其刑法第6条。而法国认为，这一规定违反了国际法原则，因为它试图把土耳其的管辖权扩大到适用于外国人在第三国的犯罪行为，这是违背刑法的属地管辖原则的。此外，国际法承认船旗国的专属管辖权，这一原则尤其适用于公海上的船舶碰撞事件。因此，只有法国才有权对法国船员戴蒙行使管辖权。

1927年9月7日，海牙常设国际法院作出判决。法院判称，土耳其对法国"莲花号"的负责船员戴蒙斯行使刑事管辖权，并没有违反国际法原则，因此无须考虑对戴蒙斯的赔偿问题。针对法国的第一项抗辩，法院认为，国际法"远远没有订下一项禁止国家把其法律及其法院的管辖权扩大适用于在其境外的人、财产和行为的普遍规则"，国际法让国家在这方面享有广泛的自由裁量权；国际法只在某些特殊情况下才对此加以限制，而在其他情况下，"每个国家在采用它认为最好和最适合的原则方面则仍然是自由的"。

法院认为，虽然在任何法律制度中，刑法的属地管辖是一项基本原则，但同时，尽管管辖方式有所不同，几乎所有的法律制度又把各自的管辖权扩展至在其领土之外的犯罪。因此，刑法的属地管辖并不是一项绝对的国际法原则，也并不与领土主权完全一致。

法院认为，土耳其行使管辖的合法性不是基于受害者的国籍，而是因为犯罪行为的后果产生在土耳其船上，即产生在一个"比作土耳其领土的地方，在那里适用土耳其刑法是无可争议的"。国际法上没有规则规定国家只能考虑犯罪行为发生时犯人所在的那个地方。即使从所谓属地原则来看，土耳其执行其法律也是合法的。

至于法国的第二项抗辩理由，法院也不予承认。法院认为，船舶在公海上，即在没有国家能主张领土主权的区域内，除受船旗国管辖外，不受其他国家管辖，但不能说一个国家不能在自己的领土上对外国船舶在公海上所作的行为行使管辖权。在公海自由的法律体制下，在公海上的船舶就如同是在船旗国的领土一样，但没有理由说船旗国的权力比属地国的权力更大。因此，在公海上的船舶所发生的事件必须被认为是在船旗国领土上发生的事件。如果犯罪行为发生在公海上，而其效果发生在悬挂另一国旗帜的船舶上，或发生在他国领土上，就像发生在两国领土上的事件一样，国际法上没有一个规则禁止犯罪行为效果所及的船舶所属的国家把该行为当作是发生在其领土上的行为。除非有一习惯国际法规则规定船旗国有专属管辖权，而存在这样的规则是没有足够证据的。相反，国家对在外国船上所做出的行为根据本国法律加以处置的事例却屡见不鲜。因此，国际法并不禁止犯罪结果地国家土耳其对罪犯行使刑事管辖权。

本案涉及属地管辖权和公海管辖权问题。属地管辖即国家对其领域内的人、物和所发生的事件行使管辖。一国是否可对在其领域之外的人或事行使管辖权呢？国际法承认一国可以根据"属人优越权"（国籍）、保护性管辖原则、普遍性管辖原则行使管辖权。例如，根据保护性管辖原则，为了保护国家及其国民的重大利益，国家有权对外国人在该国领域外所犯的某种罪行实行管辖。这表明，正如法院在本案中所判决的那样，刑法的属地性不是国际法的一项绝对的原则，也并不与领土主权完全一致。

虽然本案判决超越了刑法的属地性原则，但并不等于说本案的判决就是正确的。事实上，本案的判决在下述两个方面长期受到国际法学界的批评，也为后来的国际实践所否定。一是法院否认当时存在着船旗国对发生在公海上的碰撞事件具有专属管辖权的国际法规则，1958年《公海公约》和1982年《海洋法公约》对此都做出了明确否定。公约规定国家对在公海上的本国船舶，包括船员、乘客、货物有权行使管辖。《海洋法公约》第97条还排除了船旗国和船长或船员的国籍国以外的国家对他们行使刑事管辖权。二是法院将一国在公海上的船舶等同于该国领土，这实际上就是所谓的"浮动领土说"的反映。虽然某些国际公约为了便于解决管辖权问题而将船舶称为"拟制领土"，但它毕竟不是一国实际领土。而且，"浮动领土"是与"治外法权"相联系的，因此，法院的这个观点是过时的和不恰当的。①

"莲花号案"对后世最大的启示之一在于，它表明各国在行使域外管辖权时，存在各行其是以致域外管辖权相互冲突的风险，故而需要一些国际法规则对各国行使域外管辖权进行协调。在长期的实践过程中，有以下几种域外管辖原则得到了较多的实践，这些原则无论是在域外民事管辖权领域，还是域外刑事管辖权领域，都是具有指导意义的。

第一，对传统属地原则若干例外的规范。传统属地原则规定一

---

① France v. Turkey（The S. S. Lotus），1927，PC/J，Ser. A，No. 10；中国人民大学法学院法学实验实践教学中心：《典型案例〈"荷花号"案：属地管辖权、公海管辖权〉》，http：//ruc. zuolang. com/lab/ShowArticle. asp？ArticleID = 16450。

国政府对领域内（包括领土、领海与领空）的一切人和事物都拥有管辖权，但依然存在一些例外。譬如，外国商船在一国领海拥有无害通过权，除非一定条件下，船舶上的犯罪案件只受船旗国法律的管辖；但领空中的宇宙外层空间管辖权问题依然悬而未决。

第二，国籍管辖原则。按照属地原则，一国对其领域内的一切任何事物具有管辖权，但一些国家也规定，拥有本国国籍的国民如果在他国领域内犯法，本国对该国民也拥有管辖权，此原则一般被称为"主动国籍原则"。譬如包括中国、德国、奥地利、日本、匈牙利等国刑法均规定了在他国犯罪的本国公民，依然受本国刑法管辖。[①] 当然，各国的具体标准又各有不同。[②] 同时，一些国家也规定，外国公民在外国对本国国民实施犯罪行为，本国也具有管辖权，这种依据被害人国籍所主张的管辖权，被称为"被动国籍原则"。[③]

第三，保护原则。保护原则是指"国家以保护本国重大利益为基础对外国人在外国的犯罪行使管辖的权力"。[④] 该原则认为，某种违法犯罪行为，不论犯罪地与犯罪人，只要该行为侵害了本国整体或本国国民的利益，本国政府就拥有管辖权。由于该原则使得各国对"保护利益"的解释可以过于宽泛，并且与国籍原则存在重叠，因此各国对该原则的使用及适用是较为谨慎的。譬如，我国刑法虽然也采用了保护原则，但对其适用原则做出了诸多限制。[⑤]

---

① 江国清：《演变中的国际法问题》，法律出版社2002年版，第32页。

② 譬如，德国、匈牙利的刑法典规定对本国公民在境外从事的一切犯罪均可适用，中国、日本等国的刑法则增加了对犯罪种类的限制。

③ Rosalyn Higgins, *Problems and Process: International Law and How We Use It*, New York: Oxford University Press, 1994, pp. 66–67.

④ 王铁崖主编：《国际法》，法律出版社1995年版，第128页。

⑤ 《中华人民共和国刑法》（1997年3月14日第八届全国人民代表大会第五次会议修订，自1997年10月1日起施行）第一编第一章第8条规定"外国人在中华人民共和国领域外对中华人民共和国国家或者公民犯罪，而按本法规定的最低刑为三年以上有期徒刑的，可以适用本法，但是按照犯罪地的法律不受处罚的除外"。第10条规定"凡在中华人民共和国领域外犯罪，依照本法应当负刑事责任的，虽然经过外国审判，仍然可以依照本法追究，但是在外国已经受过刑罚处罚的，可以免除或者减轻处罚"。

第一章 法学视域中的"长臂管辖":理论与实践演变 / 19

第四,普遍原则。普遍原则意指如果某种违法犯罪行为损害了国际社会的共同利益,属于国际社会公害,则所有国家不拘于任何国籍、地域的限制,均可实行管辖权。一般来说,对普遍原则完全认可的场合只有国际法中对于海盗的惩罚,《联合国海洋法公约》明确规定,每个国家都有打击海盗的义务。①

随着全球化的发展,各国行使域外管辖权的现象越来越常见,上述调适各国行使域外管辖权的原则也在法理与实践中得到不断的调整与更新。然而,总的来看,国际法对域外管辖权的规制进展是缓慢的,远远跟不上各国处理民事、刑事管辖权问题的实践需求,也没有对新问题、新挑战形成及时有效的制约,这就给美国这样的超级大国推行单边主义、擅自声张管辖权依据、随意扩张域外管辖权提供了机会。

---

① 海盗问题早已有之,虽然各国对海盗及其行为的具体定义尚有争议,但国际法领域已经普遍认同海盗行为是破坏国际秩序与公海安全的一项罪行,这种"人类公敌"性质的国际罪行应被置于普遍管辖之下,各国均有对海盗逮捕、审判并给予处罚的权力与义务。从19世纪末开始,国际社会出现了一系列制裁海盗行为的条约,譬如《尼翁协定》(Nyon Agreement)《尼翁补充协定》(Agreement Supplementary to the Nyon Agreement)《日内瓦公海公约》(Geneva Convention on the High Seas),1982年《联合国海洋法公约》(United Nations Convention on the Law of the Sea)对海盗行为作出一系列原则性规定,使缔约各国在公海上缉捕海盗时有法可依。参见李文沛《国际海洋法之海盗问题研究》,法律出版社2010年版。

第二章　美国在国际经济领域的"长臂管辖"：历史先声与现实基础

从19世纪末开始，美国的经济实力不断增长，逐渐成为全球主要经济大国之一。进入20世纪以来，特别是自第一次世界大战结束以后，美国长期保持着全球最重要经济体的地位，其对全球经济系统与各分类市场的掌控水平与影响力是无与伦比的。在第二次世界大战后，特别是冷战结束后全球化迅猛发展、跨国经济活动急剧增长的大背景下，美国联邦政府开始在国际经济领域频繁开展"长臂管辖"。美国行使域外管辖权"长臂化"的行为，既有历史传统根源，也与其现实利益需求密切相关。

第一节　美国谋划在国际经济领域实施"长臂管辖"的历史先声

美国内战（American Civil War，又称"南北战争"或"废奴战争"）结束以后，美国经济蓬勃发展，连接大西洋与太平洋的大陆铁路修通，各地也开始修建铁路网，交通运输方式的革命性发展使得美国的经济面貌大为改善，人口迅速增加，货物与资源频繁流动，工业化与城市化的速度也随之加快。

从1790—1830年，美国人口已经出现了每十年即大约增长300

第二章　美国在国际经济领域的"长臂管辖":历史先声与现实基础

万的情况;待工业革命自19世纪五六十年代在美国境内大规模拓展之后,人口数额更呈现出爆炸性增长的趋势,至1890年,美国总人口已经达到了近6300万。[①]

工业革命在美国扩展最典型的体现即为铁路事业和蒸汽引擎在19世纪50年代之后的大发展。从1855年开始,由于获得了联邦政府大量的政策支持,铁路建造事业从东岸沿海地区向中西部地区迅速拓展,至1869年第一条横跨美国大陆的铁路已经完全贯通。此时又正值内战结束,在美国政府各项西部开发法案的支持下,大量从欧洲过来的新移民带着大陆工业革命的新技术,纷纷前往中西部地区从事生产活动,蒸汽引擎被大量运用于工厂、铁路与轮船,采矿、交通运输、建筑、大型农牧场建设等蓬勃发展,城市化与工业化进入了一个高速发展时期。[②]

在这个过程中,一大批具有高度垄断性的大企业诞生,譬如标准石油公司(Standard Oil)、卡内基钢铁公司(Carnegie Steel)、H. C. 弗里克公司(H. C. Frick & Company)。这些垄断企业打破了以往小企业只局限于一州一郡内的经营方式,开始进行大规模的跨州乃至全国性的生产,以往各州制定的州内反垄断法律对这些企业难以形成有效管辖。

> 标准石油(Standard Oil)由约翰·洛克菲勒(John Rockefeller)等人于1870年创办于俄亥俄州,是一家业务范围覆盖石油生产、提炼、运输与营销的大型公司。自成立以后,标准石油通过多重手段不断摧毁或吞并中小型同行企业,并不断创

[①] 参见 US Census Bureau, *Population Distribution Over Time*, https://www.census.gov/history/www/reference/maps/population_distribution_over_time.html, 2019。

[②] 参见 Robert J. Miller and Elizabeth Furse, *Native America, Discovered and Conquered: Thomas Jefferson, Lewis & Clark, and Manifest Destiny*, Westport, Conn: Praeger Publishers, 2006。

新商业托拉斯的方式，以逃避政府的反垄断监管。1890年，标准石油控制了全美国80%以上的石油生产，是当之无愧的全国性石油垄断企业，在国际石油行业也占据主要地位。即使在1906年美国法院判决标准石油必须拆分之后，其主要继承者与其他一些大型石油公司依然继续通过行业同盟垄断全球石油生产，直到20世纪70年代以后才宣告衰落。

卡内基钢铁公司（Pittsburgh's Carnegie Steel Company），全称匹兹堡卡内基钢铁公司，由安德鲁·卡内基（Andrew Carnegie）创立于19世纪80年代。通过及时引进平炉炼钢法、兼并同行等方式，至19世纪80年代末期，卡内基钢铁公司已经成为全球最大的生铁与焦炭生产商。1901年卡内基将公司出售给摩根家族之时，公司的钢铁产量占全美钢铁销售产量的1/4，之后改名为美国钢铁公司（U. S. Steel Corporation）。通过这次交易，卡内基本人也超越约翰·洛克菲勒成为全美首富，且保持这一地位长达十余年。

H. C. 弗里克公司（H. C. Frick & Company）前身为弗里克焦炭公司（Frick Coke Company），由亨利·弗里克（Henry Clay Frick）联合家族其他成员于1871年创办于宾夕法尼亚州，经过迅速发展，至1880年就控制了宾夕法尼亚州80%的煤炭生产。当时铁路行业迅猛发展，带动了对钢铁的巨大需求，1882年弗里克与卡内基合作，成为卡内基钢铁公司最重要的炼钢焦炭供应商。弗里克公司也逐步成为横跨煤炭、钢铁、铁路运输行业的巨型垄断企业，弗里克本人成为全世界拥有铁路公司股票最多的个人。①

列宁在《帝国主义是资本主义的最高阶段》第一章"生产集中和垄断"中曾对美国企业高度集中垄断的现状予以过专门

---

① 笔者根据各方公开资料整理。

第二章　美国在国际经济领域的"长臂管辖"：历史先声与现实基础

的论述。

"在另一个现代资本主义先进国家北美合众国，生产集中发展得更加迅猛。美国统计把狭义的工业单独列出，并且按全年产值的多少把这种企业分成几类。1904 年，产值在 100 万美元和 100 万美元以上的最大的企业有 1900 个（占企业总数 216180 个的 0.9%），它们有 140 万工人（占工人总数 550 万的 25.6%），产值为 56 亿美元（占总产值 148 亿美元的 38%）。5 年之后，即 1909 年，相应的数字如下：3060 个企业（占企业总数 268491 个的 1.1%），有 200 万工人（占工人总数 660 万人的 30.5%），产值为 90 亿美元（占总产值 207 亿美元的 43.8%）。

美国所有企业的全部产值，差不多有一半掌握在仅占企业总数百分之一的企业手里！而这 3000 个大型企业包括 258 个工业部门。由此可见，集中发展到一定阶段，可以说就自然而然地走到垄断。因为几十个大型企业彼此之间容易达成协议；另一方面，正是企业的规模巨大造成了竞争的困难，产生了垄断的趋势。这种从竞争到垄断的转变，不说是最新资本主义经济中最重要的现象，也是最重要的现象之一……"①

与此同时，资本主义世界对全球经济的垄断程度进一步上升，在列宁看来，资本主义发展进入最高阶段，帝国主义开始诞生，以托拉斯为代表的资本主义垄断巨头开始越来越深地介入跨国经济活动之中，主要资本主义国家之间的竞争更加激烈。如何扩展本国的全球利益，保护本国企业和国民利益，防范他国垄断巨头展开不正当竞争，成为主要资本主义国家面临的新挑战。列宁对此曾有过仔

---

① 列宁：《帝国主义是资本主义的最高阶段》，中共中央马克思恩格斯列宁斯大林著作编译局译，人民出版社 1959 年版，第 1 章。

细观察与深刻评价。

  资本家的垄断同盟卡特尔、辛迪加、托拉斯,首先瓜分国内市场,把本国的生产差不多完全掌握在自己手里。但是在资本主义制度下,国内市场必然是同国外市场相联系的。资本主义早已造成了世界市场。所以随着资本输出的增加,随着最大垄断同盟的国外联系、殖民地联系和"势力范围"的极力扩大,这些垄断同盟就"自然地"走向达成世界性的协议,形成国际卡特尔……

  1907 年,美德两国的(电力)托拉斯订立了瓜分世界的协议。竞争消除了。通用电气公司"获得了"美国和加拿大,电气总公司"分得了"德国、奥地利、俄国、荷兰、丹麦、瑞士、土耳其和巴尔干。还就女儿公司渗入新的工业部门和"新的"即尚未正式被瓜分的国家问题,订立了单独的(当然是秘密的)协议。此外还规定要互相交换发明和试验结果。

  这种实际上是统一的世界性托拉斯,支配着几十亿资本,在世界各地有"分支机构"、代表机构、代办处以及种种联系等等,要同这种托拉斯竞争,自然是十分困难的。但是,这两个强大的托拉斯瓜分世界的事实,当然并不排除对世界的重新瓜分,如果实力对比由于发展不平衡、战争、崩溃等等而发生变化的话……

  最新资本主义时代向我们表明,资本家同盟之间在从经济上瓜分世界的基础上形成了一定的关系,而与此同时,与此相联系,各个政治同盟、各个国家之间在从领土上瓜分世界、争夺殖民地、"争夺经济领土"的基础上也形成了一定的关系……

  我们……清楚看到在 19 世纪和 20 世纪之交世界被瓜分"完毕"的情况。1876 年以后,殖民地有极大的扩张:6 个最大的大国(英国、俄国、法国、德国、美国、日本)的殖民地

第二章 美国在国际经济领域的"长臂管辖":历史先声与现实基础 / 25

增加了一半以上,由4000万平方公里增加到6500万平方公里,增加了2500万平方公里,比各宗主国的面积(1650万)多一半。有3个大国在1876年根本没有殖民地,另一个大国法国,当时也差不多没有。到1914年,这4个大国获得的殖民地面积为1410万平方公里,即大致比欧洲面积还大一半,这些殖民地的人口差不多有1亿……

最新资本主义的基本特点是最大企业家的垄断同盟的统治。当这种垄断组织独自霸占了所有原料产地的时候,它们就巩固无比了。我们已经看到,资本家国际同盟怎样拼命地致力于剥夺对方进行竞争的一切可能,收买譬如蕴藏铁矿的土地或石油资源等等。只有占领殖民地,才能充分保证垄断组织自如地应付同竞争者的斗争中的各种意外事件,包括对方打算用国家垄断法来实行自卫这样的意外事件。资本主义愈发达,原料愈感缺乏,竞争和追逐全世界原料产地的斗争愈尖锐,抢占殖民地的斗争也就愈激烈……

金融资本和同它相适应的国际政策,即归根到底是大国为了在经济上和政治上瓜分世界而斗争的国际政策,造成了许多过渡的国家依附形式……①

在这样一个内外共同要求的背景下,美国联邦政府的当务之急是建立新的法律基础,对内能够扩展联邦政府的跨州管辖权,规范垄断企业的经营,对外能够扩展域外管辖权,打击外国公司的跨国垄断行为,从而达到间接打击其他资本主义强国的目的。

1890年,《谢尔曼反托拉斯法》(Sherman Antitrust Act of 1890,也常被简称为《谢尔曼法》)正式诞生,这是美国历史上第一部全

---

① 列宁:《帝国主义是资本主义的最高阶段》,中共中央马克思恩格斯列宁斯大林著作编译局译,人民出版社1959年版,第5、6章。

国性质的反垄断法。《谢尔曼反托拉斯法》全称为《保护贸易和商业不受非法限制与垄断之害法》（An Act to Protect Trade and Commerce against Unlawful Restraints and Monopolies），因最初法案由俄亥俄州共和党籍参议员约翰·谢尔曼（John Sherman）提出，故以其名命名。

约翰·谢尔曼出生于1823年，1900年逝世。他早年是一位成功律师，之后开始从政，曾与亚拉伯罕·林肯（Abraham Lincoln）总统保持密切友谊，是美国内战期间及19世纪后半期美国政坛的资深人物。他曾先后担任众议院议员（1855—1861年）、参议院议员（1861—1877年）、拉瑟福德·B.海斯总统（Rutherford B. Hayes）的财政部部长（1877—1881年）、再度当选参议院议员（1881—1897年）和威廉·麦金莱总统（William McKinley）的国务卿（1897—1898年）。

19世纪末期的美国，以托拉斯为主要代表形式的垄断企业日益坐大，对市场操纵能力越来越强，以致联邦政治系统内两党都有成员对此感到担忧。尽管谢尔曼早年对反垄断问题毫无兴趣，但在1889年3月美国第51届国会开幕之后，他就提出了反垄断法令的草案。该法案主要内容源自于早年另一份半途夭亡的类似法案，谢尔曼对其进行了一定的修订，并在表述形式上予以简化。在法案辩论的过程中，谢尔曼为了减弱企业的恐惧感，一方面对发展工业、铁路运输业的企业予以赞扬，并重申支持民众组建公司的权利，但另一方面又声明企业发展"绝不能够形成垄断状态"。

《谢尔曼反托拉斯法》草案在讨论过程中虽引起激烈辩论，但在投票阶段，首先于参议院顺利通过（51票同意、仅1票反对），继而在众议院以248票全票通过。1890年7月2日，本杰明·哈里森总统（Benjamin Harrison）正式签署确立为

第二章　美国在国际经济领域的"长臂管辖"：历史先声与现实基础　／　27

法案。

　　舆论普遍认为谢尔曼在这当中发挥了最关键的作用。尽管也有人批评该法律表述过于简单，也缺乏准确的条款定义，但谢尔曼认为这恰好符合普通法的立法理念，也便于后人修订。同时，谢尔曼也强调《谢尔曼反托拉斯法》并非反对商业与公平竞争，而是反对不公平的商业行为和非法合并[①]。

《谢尔曼反托拉斯法》尽管在文件中从未表明是否适用于域外管辖，但实际上其具体条款已经直接将管辖权延伸至域外，宣称对涉及外国的商业行为、个人及法人均具有管辖权。

　　《谢尔曼反托拉斯法》第1、2、3条均提到了"与外国之间的商业或贸易"[②]；
　　第4条将管辖权授予联邦巡回上诉法院（Circuit Courts），[③]将起诉权授予联邦驻各区检察长，并遵从司法部部长（US Attorney General, Department of Justice）的指示；[④]
　　第5条规定若案件的公正判决需其他人出庭时，不管其他人是否居住在该法院所在区内，法院都可将其传讯；[⑤]
　　第7条规定任何因反托拉斯法所禁止的事项而遭受财产或营业损害的人，可在被告居住的、被发现或有代理机构的区向

[①]　笔者根据各方公开资料整理。
[②]　An Act to Protect Trade and Commerce against Unlawful Restraints and Monopolies of 1890, July 2, 1890, ch. 647, §§1–3, 26 US Statutes at Large, 209 (2014).
[③]　即联邦三级法院系统中的中级上诉法院，一般称为美国联邦上诉法院（US Courts of Appeals），也可称为巡回上诉法院，1890年法案原文所采用的表述即为Circuit Courts。
[④]　An Act to Protect Trade and Commerce against Unlawful Restraints and Monopolies of 1890, July 2, 1890, ch. 647, §4, 26 US Statutes at Large, 209–210 (2014).
[⑤]　An Act to Protect Trade and Commerce against Unlawful Restraints and Monopolies of 1890, July 2, 1890, ch. 647, §5, 26 US Statutes at Large, 210 (2014).

联邦巡回上诉法院提起诉讼；①

第 8 条则规定本法提到的"人"包括依据外国法律成立的现存公司及联合会，以及外国公民个人。②

由此可以看出，《谢尔曼反托拉斯法》表面上是一部意在维持国内公平竞争、打击垄断的法律，但国会很显然又默认它天然具有管辖一切国内外涉垄断事务个人与法人的权力，允许作为行政部门的司法部指示联邦检察官员提起诉讼，允许联邦巡回上诉法院持有管辖权，适用于外国公司、联合会及个人。这是一部具有典型域外"长臂管辖"特征的"长臂法律"，其主要目的之一就是对非美国的跨国垄断经营活动进行域外管辖。

《谢尔曼反托拉斯法》开启了美国联邦层面对国内外一切垄断行为予以制裁的进程，在此之后，国会立法部门对"商业"、"人"的定义都沿袭了《谢尔曼反托拉斯法》的定义。这些定义在当时来看属于不值得细致考虑的问题，这是因为囿于当时执法实践的现实，无论是美国各州县地方政府，还是联邦政府，对外国企业或个人的域外管辖能力都是极其有限的。然而，从其本质和对后世的影响来看，这些定义实际上是埋下了针对外国企业和个人的"深雷"。

另外，《谢尔曼反托拉斯法》是一部表面上看起来言简意赅的法律，全篇只含有 8 项条款，但实际上却严重缺乏可执行的具体条款，也没有对"非法限制、垄断及其危害"做出具体定义，它使得联邦检察官对外国公民和公司提起诉讼时，拥有大量的随意解释空间，受理诉讼的联邦巡回上诉法院也可以自由裁量，声称自己拥有充分的管辖权依据。

---

① An Act to Protect Trade and Commerce against Unlawful Restraints and Monopolies of 1890, July 2, 1890, ch. 647, §7, 26 US Statutes at Large, 210 (2014).

② An Act to Protect Trade and Commerce against Unlawful Restraints and Monopolies of 1890, July 2, 1890, ch. 647, §8, 26 US Statutes at Large, 210 (2014).

第二章 美国在国际经济领域的"长臂管辖":历史先声与现实基础

不过后世也有研究和评论认为,《谢尔曼反托拉斯法》真正的反托拉斯意义不足,甚至认为该法只是谢尔曼在政治技术操作层面对自己选区俄亥俄州民意的回应。① 尽管如此,《谢尔曼反托拉斯法》的确是美国历史上第一部带有浓厚域外管辖色彩、涉及国际经济领域的法律,其风向标意义不容忽视。

1914年国会在《谢尔曼反托拉斯法》的基础上又制定了《克莱顿反托拉斯法》②(*Clayton Antitrust Act of 1914*)。

《克莱顿反托拉斯法》正式施行于1914年10月15日,在某种程度上它既可以被视为是对《谢尔曼反托拉斯法》的修订与补充,也可以被视为是对第一次世界大战前后垄断企业进一步坐大的反击。《谢尔曼反托拉斯法》遏制了工人成立工会的权力,使得工人无力与大企业抗衡,同时垄断企业也巧妙地发现了《谢尔曼反托拉斯法》的漏洞,它们以合并替代卡特尔,从而逃避政府的反垄断监管。伍德罗·威尔逊总统(Woodrow Wilson)上台以后,决心顺应民意,在《谢尔曼反托拉斯法》的基础上进一步加强反垄断监管。

《克莱顿反托拉斯法》与《谢尔曼反托拉斯法》在立法理念上的最大区别在于,前者是要求打击可能会导致垄断的削弱竞争行为,后者则是要求打击垄断本身。《克莱顿反托拉斯法》第一条指出,"本法所使用的'商业'一语,指州

---

① 参见郭梦蝶《两部法案的"身世"之谜:对〈克莱顿法〉和〈谢尔曼法〉立法背景的分析》,《兰州学刊》2016年第12期;普莱斯·费希拜克等:《美国经济史新论:政府与经济》,张燕等译,中信出版社2013年版;斯坦利·L. 恩格尔曼、罗伯特·E. 高尔曼主编:《剑桥美国经济史》(第三卷),高德步等译,中国人民大学出版社2008年版。

② 《克莱顿反托拉斯法》在管辖范围上比《谢尔曼反托拉斯法》更显"长臂",它规定,凡是可合理预见会损害竞争的行为,即使尚未产生事实危害,也属违法。参见 Clayton Antitrust Act of 1914, Public Law 63-212, 63rd Cong., 2d sess., October 14, 1914。

际及对外商业贸易，哥伦比亚特区或合众国任何区域与任何州或区域或外国之间，合众国管辖的岛屿属地与其他地区之间、任何此类属地或其他地区与合众国任何州或区域或哥伦比亚特区或外国之间，哥伦比亚特区或任何区域与合众国管辖的任何岛屿属地及其他地区的商业贸易活动。但本法的任何规定都不适用于菲律宾群岛。本法使用的'人'或'人们'，包括所有按照联邦、地区和各州法律或者外国法律所成立或经其核准的公司和社团"①。

为弥补《克莱顿反托拉斯法》的不足，美国会又通过了一系列修正案，主要有：1950年的《塞勒—凯弗维尔反兼并法》（Celler-Kefauver Antimerger Act）、1976年的《哈特—斯科特—罗迪诺反托拉斯改进法》（Hart-Scott-Rodino Antitrust Improvement Act）（它是合并审查的法律依据）和1980年的《反托拉斯程序修订法》（Antitrust Procedural Improvements Act of 1980）。② 由此形成了一整套完备的联邦反垄断法律体系。

1933年与1934年国会又开始在证券市场发力，先后颁布了

---

① 英文原文如下："Commerce", as used herein, means trade or commerce among the several States and with foreign nations, or between the District of Columbia or any Territory of the United States and any State, Territory, or foreign nation, or between any insular possessions or other places under the jurisdiction of the United States, or between any such possession or place and any State or Territory of the United States or the District of Columbia or any foreign nation, or within the District of Columbia or any Territory or any insular possession or other place under the jurisdiction of the United States: Provided, That nothing in this Act contained shall apply to the Philippine Islands. The word "person" or "persons" wherever used in this Act shall be deemed to include corporations and associations existing under or authorized by the laws of either the United States, the laws of any of the Territories, the laws of any State, or the laws of any foreign country. 参见 Clayton Antitrust Act of 1914, Public Law 63-212, 63rd Cong., 2d sess., October 14, 1914。

② 中国商务部驻美国经商参处：《美联邦机构反垄断执法体系》，2017年10月30日，http://www.mofcom.gov.cn/article/i/dxfw/nbgz/201710/20171002662087.shtml。

第二章　美国在国际经济领域的"长臂管辖":历史先声与现实基础 / 31

《1933年证券法》①（*Securities Act of 1933*）和《1934年证券交易法》②（*Securities Exchange Act of 1934*），将域外管辖的长臂触及世界证券市场，并借助证券市场在实质上获得了对大量外国公司的管辖权。

19世纪末到第一次世界大战结束后十年，是美国经济蓬勃发展的时期，但也是股票市场无序发展的时期。在这段时间里，各种滥发股票、欺诈、操纵价格现象层出不穷，尽管各州政府相继颁布了一些地方法律，但实际上却难以起到有效的监管。③ 这和各州人力物力不足有关，但更重要的原因在于这些法律无法监管跨州发行和买卖股票的行为。国会因此决定实现联邦立法，将证券监管权力收归联邦，打破各州各自为政的状况。

《1933年证券法》和《1934年证券交易法》诞生时，国会对域外管辖权问题继续故意采取了模棱两可的做法，留待后来联邦法院方便行事。果然，此后美国法院自行阐述上述两法的相关条文，宣称跨国证券行为适用于本法。④

第二次世界大战前美国国会所制定的这批法律，虽然名义上都只是国内立法，但却带有鲜明的域外长臂管辖特征，所体现的渴望

---

① Securities Act of 1933, Public Law 73-22, 73d Cong., 1st sess., May 27, 1933.
② Securities Exchange Act of 1934, Public Law 73-291, 73d Cong., 2d sess., June 6, 1934.
③ 这些法律被统称为《蓝天法》，之所以如此命名，有传闻称，当时股票市场乱象横生，故而时人戏称，如果再不制定相关法律予以有效监管，连蓝天都会被予以证券化上市交易。
④ 参见钱学锋《世界证券市场的日益国际化与美国证券法的域外管辖权（上）》，《法学评论》1994年第3期；钱学锋：《世界证券市场的日益国际化与美国证券法的域外管辖权（中）》，《法学评论》1994年第4期；钱学锋：《世界证券市场的日益国际化与美国证券法的域外管辖权（下）》，《法学评论》1994年第5期。

加强对国际经济领域"长臂管辖"的意图也是非常明显的。

我们在前面提到,这类法律在措辞上都是含混不清的,管辖对象仅被简单定义为一切国内外企业、组织和个人,这些定义实际上是埋下了针对外国企业和个人的"深雷"。等时过境迁,当美国的全球权势进入空前高涨的阶段时,当美国既有意愿也有能力对外国企业和个人进行随意的"长臂管辖"时,美国政府便开始引爆这些"深雷",利用这些法律条款,挥舞起"长臂管辖"的大棒。

这种意图与特征在 1945 年"美国诉美洲铝业公司"（US v. Aluminum Co. Of America et al.）一案中展露无遗。该案集中体现了美国在国际经济领域实施"长臂管辖"的野心与策略,成为第二次世界大战后美国对国际经济领域大范围、全方位开展"长臂化"域外管辖的里程碑式案件。

美洲铝业公司（Aluminum Company of America, Alcoa）是一家总部位于美国的跨国公司,主要从事炼铝业务。1928 年该公司决定在加拿大成立另外一家分公司（Aluminum Limited,法院对其简称 Limited,可被称为"加拿大铝业公司"）,属于独立法人,接管美洲铝业公司在美国以外的业务和利益。① 后来,美洲铝业公司和加拿大铝业公司完全分离,但前者持有后者的股份。②

1931 年,加拿大铝业公司联合德、英、法、瑞士等国的铝业公司成立了一个具有垄断性质的国际同业联盟（Cartel,法院将其称为 Alliance）,并在瑞士设立一家公司用以该垄断组织的运营,各家铝业公司均持有股份,并按股份比例生产,从而

---

① US v. Aluminum Co. Of America et al., 148 F. 2d 416, 440 (2d Cir. 1945).
② US v. Aluminum Co. Of America et al., 148 F. 2d 416, 441 (2d Cir. 1945).

第二章 美国在国际经济领域的"长臂管辖":历史先声与现实基础

达到操控世界铝市场价格的目的。①

之后,美国联邦政府依据《谢尔曼反托拉斯法》以施行垄断的罪名将美洲铝业公司诉至联邦地方法院,并指控加拿大铝业公司非法共谋。②一审法院认为美洲铝业与该垄断组织无关,参与者皆属外国公司,垄断组织也在瑞士运作,因而自己对此案并无管辖权,驳回美国联邦政府的起诉。

联邦政府对此判决结果不服,继而上诉至联邦最高法院,但因若干大法官与此案当事方存有利益冲突,故而最终决定将此案委托联邦第二巡回上诉法院(US Court of Appeals for the Second Circuit)代为审理,联邦第二巡回上诉法院的审判意见即代表联邦最高法院的最终判决意见。

然而,联邦第二巡回上诉法院最终却支持了联邦政府的观点,认为《谢尔曼反托拉斯法》对本案适用管辖权,指出反垄断法对于外国人在外国的行为,只要对美国利益产生了损害,就可适用,并因此认定加拿大铝业公司是美洲铝业公司的共谋犯。③

主审法官比灵斯·汉德(Billings Learned Hand)还进一步提出所谓的"效果标准"(Effects Doctrine),"任何国家对于那些发生在其境外的但对其境内确有该国所谴责的效果的行为,应当加诸责任,甚至加诸那些并不在其领域内的人……此已是定律,而对此种责任其他国家一般也会认可"④。

---

① US v. Aluminum Co. Of America et al., 148 F. 2d 416, 442 (2d Cir. 1945).
② US v. Aluminum Co. Of America et al., 148 F. 2d 416, 422 (2d Cir. 1945).
③ US v. Aluminum Co. Of America et al., 148 F. 2d 416, 444 (2d Cir. 1945).
④ 原文为 On the other hand, it is settled law as "Limited" itself agrees that any state may impose liabilities, even upon persons not within its allegiance, for conduct outside its borders that has consequences within its borders which the state reprehends; and these liabilities other states will ordinarily recognize. 参见 US v. Aluminum Co. Of America et al., 148 F. 2d 416, 443 (2d Cir. 1945).

美国联邦法院这种依据域内效果倒推责任，追究域外外国公司与外国个人责任的做法，显示出其域外管辖权"长臂"的触角之长。美国在之后的若干著名案件中继续贯彻这一原则，尽管引起了一些外国政府的强烈抗议，但美国并未有所收敛，反而想方设法越走越远。

譬如，1955年、1968年和1975年，美国联邦法院先后审理了"美国诉瑞士钟表制造商情报中心公司"案、"舒恩鲍姆诉佛斯特布鲁克"案和"博奇诉德雷克赛尔火石公司"案。在这些知名案件中，"效果标准"都得到了适用。①

在这当中，"美国诉瑞士钟表制造商情报中心公司"案引起了瑞士政府的强烈抗议，后者向美国纽约南区联邦法院递交了"法庭之友"（Amicus curiae）抗辩意见书，并声称美国此举损害瑞士主权和两国关系，还威胁向国际法院提出控告，最终迫使美国法院取消制裁。然而，瑞士政府所取得的这种胜利较为罕见，更多情况下美国对外国政府的强烈抗议采取的是置若罔闻的态度。

第二节　美国在国际经济领域得以实施"长臂管辖"的现实基础

第二次世界大战结束之后，国际政治经济格局不断发生剧烈变动。从1945年至今，尽管经历了美苏两极对抗、欧日复苏、冷战终结、新兴经济体崛起、次贷金融危机等一系列历史大事件，但美国在国际经济领域的优越权势地位没有遭遇根本性冲击，这为美国在该领域肆意扩张域外"长臂管辖权"提供了坚实的基础，也是美

---

① United States v. Watchmakers of Switzerland Inf. C., 133 F. Supp. 40 (S. D. N. Y. 1955); Schoenbaum v. Firstbrook, 268 F. Supp. 385 (S. D. N. Y. 1967); Bersch v. Drexel Firestone, Inc., 389 F. Supp. 446 (S. D. N. Y. 1974).

第二章　美国在国际经济领域的"长臂管辖"：历史先声与现实基础　/　35

国能够在国际经济领域施行"长臂管辖"的根本原因。这个坚实的基础包括以下几个方面。

（一）强大的政治影响力

美国在国际经济领域的实力与它强大的全球政治影响力是"一个硬币的两面"，二者是相互增进的。第二次世界大战彻底摧毁了原有的以欧洲为中心的世界政治格局，实现了世界权力结构的彻底变动，美国借机获得了前所未有的政治与军事优势地位。[①] 战后美国积极运筹，将这些优势通过联合国、马歇尔计划、北大西洋公约组织、大西洋联盟等组织的形式固定下来，[②] 转化成为美国在全球长期持有并得以不断巩固的政治与军事实力。值得注意的是，美国所建立的这个体系，其维持与运作大部分依靠的并非是政治、经济强制，而是依靠基本利益大体一致基础上的讨价还价和互相协调。[③] 因而在冷战结束后，美国得以保留该体系的绝大多数内容，能够继续发挥全球政治影响力。除此之外，苏联解体也使得美国在全世界的政治影响力进一步扩大，[④] 美国趁机于 1990 年提出"华盛顿共识"并大加推广，极大强化了美国意识形态在第三世界的影响力。[⑤]

---

①　王绳祖主编：《国际关系史》（第七卷），世界知识出版社 1995 年版，第 1—3 页。
②　王绳祖主编：《国际关系史》（第七卷），第 2、4 章，对美国政府在这一时期为建立各种国际组织或联盟而开展的外交实践过程有详细的描述。
③　卡尔·多伊奇将其称之为"多元安全共同体"（Pluralistic Security Community），参见 Karl W. Deutsch, *Political Community and the North Atlantic Area: International Organization in the Light of Historical Experience*, Princeton: Princeton University Press, 1968。
④　这方面最典型也是最显狂热情感的研究成果当属弗朗西斯·福山（Francis Fukuyama）的《历史的终结及最后之人》，参见 Francis Fukuyama, *The End of History and the Last Man*, New York: Free Press, 1992。
⑤　李珍、江时学在 2000 年之后都曾对冷战后美国在第三世界国家大力推广华盛顿共识的行为及效果进行过分析。参见李珍："华盛顿共识"与发展中国家"新自由主义"改革》，《世界经济与政治》2002 年第 5 期；江时学：《新自由主义、"华盛顿共识"与拉美国家的改革》，《当代世界与社会主义》2003 年第 6 期。

2018年1月，美国大西洋学会斯考特罗夫特战略与安全研究中心（Scowcroft Center for Strategy and Security, Atlantic Council）、丹佛大学弗里德雷克·帕迪国际未来研中心（Frederick S. Pardee Center for International Futures at the Josef Korbel School of International Studies, University of Denver）、海牙战略研究中心（Hague Centre for Strategic Studies）联合推出了研究报告《全球化世界中的权力与影响力》（Power and Influence in A Globalized World）。①

研究人员们在报告中提出了一个新的衡量世界大国全球影响力的分析框架，称之为"对外双边影响力指数"（Foreign Bilateral Influence Capacity Index），既考察两国间的交往水平，也考察一方对另一方的依赖程度，评估标准涉及双边贸易、双边政府间协定、援助金额、军事联盟、双边武器交易等多项指标。② 评估结果显示，美国是全球"对外双边影响力指数"最高的国家，全球占比为11.2%，第二名至第十名分别为德国（8.6%）、法国（6.9%）、中国（6.0%）、意大利（4.9%）、英国（4.5%）、荷兰（4.2%）、俄罗斯（4.0%）、西班牙（3.4%）和比利时（2.4%）。

报告还列出了另外两种评价方法，分别是基于全球权力指数（Global Power Index）和国内生产总值（Gross Domestic Product）全球占比的排名结果。③

---

① 参见 Atlantic Council, "Power and Influence in A Globalized World", https://www.atlanticcouncil.org/images/Power_and_Influence_.pdf, January 2018。
② 参见 Atlantic Council, "Power and Influence in A Globalized World", https://www.atlanticcouncil.org/images/Power_and_Influence_.pdf, January 2018, p. 1。
③ 参见 Atlantic Council, "Power and Influence in A Globalized World", https://www.atlanticcouncil.org/images/Power_and_Influence_.pdf, January 2018, pp. 2–3。

第二章 美国在国际经济领域的"长臂管辖":历史先声与现实基础 / 37

表2-1　　　　全球化世界中的权力与影响力评价　　　（单位:%）

排名	衡量指标1:全球权力指数		衡量指标2:国内生产总值全球占比	
	国家	数值（2016年数据）	国家	数值（2016年数据）
1	美国	23.6	美国	20.9
2	中国	13.4	中国	13.4
3	俄罗斯	6.4	日本	7.3
4	日本	5.8	德国	4.8
5	德国	5.0	法国	3.6
6	法国	4.6	英国	3.4
7	英国	3.9	印度	3.3
8	印度	2.8	巴西	3.0
9	意大利	2.2	意大利	2.6
10	巴西	2.2	加拿大	2.4

由此可见,无论以哪种方式进行测算,美国都依然是当前全球影响力最强大的国家,并且与其他竞争者保持着极大的差距。

(二)强大的整体经济实力

第二次世界大战使美国获得了惊人的综合经济实力与全球地位,也为美国奠定了至今不衰的世界头号经济大国地位。1945年第二次世界大战结束前后,美国独占资本主义世界工业产量的60%、对外贸易总额的32.5%以及黄金储备的59%。[①] 第二次世界大战结束之后至今,美国引领了第三次科技革命,在科技与产业结构升级方面不断发力,带动国家经济不断获得新的增长动力。在这个漫长的阶段中,美国经济遭遇过多重挑战,其占全球经济总量的比例也不断下跌。按国际货币基金组织基于购买力平价(Purchasing Power Parity)的计算,1980—2018年,美国GDP在全球总量

---

① 王绳祖主编:《国际关系史》(第七卷),世界知识出版社1995年版,第27—30页。

的占比由 21.56% 跌至 15.26%；按照世界银行基于名义 GDP（Nominal GDP）的测算结果显示，1968 年美国 GDP 全球占比为 37.3%，至 2017 年跌至 24.03%，49 年间的平均水平为 29.2%。① 然而，这并不意味着可以看轻美国的整体经济实力。

研究指出，从 1947—2009 年美国实际 GDP 年均增长率保持在 3.4% 左右，产业结构健康，20 世纪 70 年代以来数次经济危机的冲击有限，而且知识密集型行业对经济增长贡献巨大。② 特朗普政府上台以来，美国的 GDP 增长率创下了近年新高。③ 总体来看，美国的整体经济实力依然强大，并且由于人口结构合理、资源丰富、科技水平发达，未来经济可持续增长的动力是充足的。

> 美国人口普查局（United States Census Bureau）最新数据显示，截至 2018 年，美国 16 岁至 65 岁的男性人口占人口总数的 32.54%，对应女性所占比例为 32.71%，合计为 65.25%。从人口经济学角度来看，这意味着美国在未来较长一个时期里，仍然拥有充沛的劳动力与庞大的消费市场，这对于美国经济的发展具有根本性的重要意义。详细数据可以参见《附录》（甲）——《基于性别与年龄的美国人口结构数据表》。
>
> 2017 年 9 月 26 日，由美国国务院（U. S. Department of State）国际信息局（全球公共事务局 Bureau of International Information Programs / Bureau of Global Public Affairs）管理的"分

---

① 参见 International Monetary Fund, "GDP based on PPP, share of world", https://www.imf.org/external/datamapper/PPPSH@WEO/USA, 2019; YCharts, "US GDP as % of World GDP Summary", https://ycharts.com/indicators/us_gdp_as_a_percentage_of_world_gdp, 2019。

② 赵嘉、唐家龙：《美国产业结构演进与现代产业体系发展及其对中国的启示——基于美国 1947—2009 年经济数据的考察》，《科学学与科学技术管理》2012 年第 1 期。

③ Daniele Palumbo, "Donald Trump and the US economy in six charts", https://www.bbc.com/news/business-42748243, 2018。

第二章　美国在国际经济领域的"长臂管辖"：历史先声与现实基础　/　39

享美国"（ShareAmerica）网站①曾刊登了一篇名为《美国经济强劲增长》的文章，对特朗普总统执政以来美国经济的繁荣进行了高调的宣传。报道全文内容如下。

与美国经济的整体情况一样，保罗·沙夫曼（Paul Scharfman）在威斯康星州（Wisconsin）的奶酪生意欣欣向荣。

沙夫曼在里斯维尔（Reeseville）开办的"特制奶酪公司"（Specialty Cheese Company）的销售额在过去几年中增长了10%—20%。

其中部分原因在于奶酪在全世界广受欢迎：他的公司拥有175名雇员，生产并出口品种繁多的奶酪，其中几种在中美洲和南美洲以及印度和中东地区深受欢迎。

但他的公司的成功发展也反映了美国市场的强劲势头。沙夫曼说："我们为一个日益增长的美国经济中不断发展的一部分服务。"

经济学家一致认为，美国经济得到了显著改善，而且是全面性的。

"旧金山联邦储备银行"（Federal Reserve Bank of San Francisco）行长及总裁约翰·威廉斯（John C. Williams）最近在接受"拉斯维加斯经济俱乐部"（Economic Club of Las Vegas）的采访时表示："这条路是漫长、艰难的，但我们最终实现了从金融危机和大衰退（Great Recession）中复苏。"

以下几项金融指标证明了他的观点。

首先，美国的股票市场创下新高。以标准普尔500指数（S&P 500）为例，该指数记录了500家公司的股价，其中既有

---

① 该网站在自我介绍中宣称，ShareAmerica是美国国务院阐述美国对全世界外交政策的平台，介绍有助于促进对宗教自由、法治、经济繁荣、人类尊严和主权等重大问题进行探讨和辩论的重要话题及有关的影像资料，参见https：//share.america.gov。

已经成熟的公司,又有发展迅速的公司,而且涵盖诸多产业,因此是一个备受关注的晴雨表。由于组成该指数的很多公司的股价上扬,整个指数也有所上升。

标准普尔500指数已从衰退期最低落的684点(2009年3月)上升到今年(指2017年)的2500点以上,创下了历史新高。设在华盛顿的智库"彼得森国际经济研究所"(Peterson Institute for International Economics)的威廉·克莱恩(William Cline)说,强劲的标准普尔500指数"反映出对于经济将会持续增长的信心"。

经济学家还关注雇主雇佣新雇员的趋势。政府报告显示,自1月以来已出现了140多万个新增就业机会。8月的就业数据表明,美国已连续第83个月实现就业增长。这次从2010年10月开始的连续增长是美国历史上为期最长的。

8月的就业报告显示,失业率在4.4%的低水平上,仅比4.3%的16年以来的最低水平略有上升。此前失业率低达4.3%是在2001年5月。

美国劳工部部长亚历山大·阿科斯塔(Alexander Acosta)表示,最新数据反映了"整个美国经济持续强劲,乐观态度不断扩展"。

有关专家还通过国内生产总值(GDP)来观察经济增长。GDP是指一个国家在一定时期内生产的所有产品和劳务的总价值。

美国经济在2017年第二季度的增长率为3%。特朗普总统指出:"我们可以远远超出3%。不存在我们不应当这么做的原因。"

总统还说,如果美国保持3%的经济增长率,就能在今后10年中在美国创造1200万个新的就业机会,以及10万亿美元的新的经济活动。

第二章　美国在国际经济领域的"长臂管辖"：历史先声与现实基础 / 41

经济合作与发展组织（Organisation for Economic Co-operation and Development）的奈吉尔·佩因（Nigel Pain）说："美国依然是全球经济中的一个关键角色。它对于希望推动增长的［其他］经济体是一个重要的市场。"

组成经济合作与发展组织的所有 35 个实行市场经济的民主国家都预期将在 2017 年实现 GDP 增长，这将是 2007 年以来的第一次。

公司企业依赖银行贷款来维持或扩大经营，而这有可能进一步推动美国及海外的经济增长。

美国这里的贷款情况也是良好的。

被称为美联储的美国中央银行于 6 月宣布，自其 2011 年开始对美国 34 家最大的银行进行"压力测试"以来，这些银行首次全部拥有充足的现金，能在全球经济万一出现下滑的情况下继续贷款。

美国商会（U. S. Chamber of Commerce）的布莱恩·达纳（Brian Daner）表示，美国银行对于世界经济至关重要。达纳说："美国银行处于这样一个优越的、资本雄厚的地位，意味着全球经济有一定程度的安全性。"

于 8 月和 9 月袭击美国的两场强烈飓风有可能造成 GDP 增长和就业略有下滑，但大多数经济专家都认为这对于经济的影响将是暂时的。

沙尔曼对于他的"特制奶酪公司"及全球经济的前景感到乐观。他说："当美国经济健康发展时，就会要求从世界各地增加输入，从而使人人受益。"①

---

① 参见 ShareAmerica,"The U. S. economy shows its strength", https：//share. america. gov/u-s-economy-shows-its-strength/, September 26, 2017, 此处摘录略有删减。

(三) 美元在国际经济体系中的霸权地位

在第二次世界大战期间，由于美国对参战各国及广大殖民地的出口贸易量剧增并收获大量贸易出超，美元成为全球稀缺货币。在战争尚未结束时，美国就已经认识到了把握机遇建立美元霸权的重要性。美国财政部经过精心的准备与策划，最终于1944年7月建立了布雷顿森林体系（Bretton Woods System），制定了"美元挂钩黄金，会员国货币挂钩美元"的"双挂钩机制"。这个机制使得战后资本主义各国普遍以美元作为偿债、进出口贸易结算的支付手段，国家外汇储备也以美元的形式存在，它进一步扩大了美元在全球经济领域的使用范围，巩固了美元的绝对霸权地位。[1]

尽管在20世纪70年代布雷顿森林体系崩溃，但美元依然是世界各国参考本币价格的货币锚。它既不用再受国际制度的制约，也没有其他国际货币的挑战，[2] 因而美元在国际经济领域独大的地位更加巩固。美元的全球货币霸权突出表现为以下四点。

（1）美国通过控制国际货币基金组织等国际组织实现了对国际金融与货币领域的制度安排权；[3]

（2）美国政府可以随意增发货币，向全世界转嫁本国的负债压力，收取所谓的"国际铸币税"[4]；

---

[1] 时任小罗斯福（Franklin D. Roosevelt）政府财政部部长的亨利·摩根索（Henry Morgenthau）及其助手哈里·怀特（Harry Dexter White）在这个过程中分别从政治与专业层面发挥了至关重要的作用，最终击退了英国政府希望保留一个英镑区的计划。参见 Fred L. Block, *The Origins of International Economic Disorder: A Study of United States International Monetary Policy from WW II to the Present*, Berkeley: UC Press, 1977.

[2] 参见李巍《制衡美元的政治基础——经济崛起国应对美国货币霸权》，《世界经济与政治》2012年第5期。

[3] 参见齐兰、文根第《国际金融霸权形成与更迭的历史考察及其启示》，《经济问题》2019年第5期。

[4] Benjamin J. Cohen, *The Future of Money*, Princeton: Princeton University Press, 2006, pp. 21-22.

第二章　美国在国际经济领域的"长臂管辖"：历史先声与现实基础　/　43

（3）美国利用控制美元发行量来间接操控全球大宗物资市场，国际商品市场价格的涨跌被美元挟持；①

（4）美联储（Federal Reserve System）实际上行使全球中央银行的权力，通过调整美元的货币政策以达到影响他国乃至全球经济的目的②。

多年来，尽管世界主要经济大国都在努力开展对抗美元霸权的实践，但国际货币基金组织近年的数据显示，美元在全球官方外汇储备中的重要性不降反升，2018 年第四季度，美元在全球官方外汇储备中占比为 61.69%，2016 年第二季度为 47.92%，2017 年第三季度为 54.23%，实际上处于稳步增长的态势。③ 可以说，美元在国际经济领域的霸权地位依然是难以撼动的。④

美元在国际经济体系中的垄断地位，一方面使得世界各国政府、公司和个人在跨国经济活动中都难以避免使用美元，从而为美国提出管辖权提供了更普遍的依据；另一方面，更重要的意义在于，这种垄断地位使得美国可以建立由自己控制的国际金融市场体系与基础设施，从而将全球的跨国经济活动都纳入自己的监控网中。

---

① 李巍：《制衡美元的政治基础——经济崛起国应对美国货币霸权》，第 100 页。
② 肖娱的研究指出，在 2008 年国际金融危机后，美国长时间维持的宽松货币政策虽然可能有助于增加亚洲经济产出，但会导致国际大宗商品价格上涨热钱流入新兴经济体，同时加剧全球经济失衡。参见肖娱《美国货币政策冲击的国际传导研究——针对亚洲经济体的实证分析》，《国际金融研究》2011 年第 9 期。
③ 参见 International Monetary Fund, "Currency Composition of Official Foreign Exchange Reserves", http://data.imf.org/? sk = E6A5F467 - C14B - 4AA8 - 9F6D - 5A09EC4E62A4, 2019。
④ 黄益平还指出，通过半个世纪的努力，美国将基于美元的世界货币体系建立在美联储的信誉之上，后来国家很难轻易建立起这样的信誉；李向阳则提出，新兴经济体国家为了完成追赶目标，仍然会采取依附于美元霸权体系的策略，这种模式甚至被称为"新布雷顿森林体系"，它使得美元霸权在布雷顿森林体系崩塌之后仍然能够长期有效维持。参见黄益平《国际货币体系变迁与人民币国际化》，《国际经济评论》2009 年第 3 期；李向阳：《布雷顿森林体系的演变与美元霸权》，《世界经济与政治》2005 年第 10 期。

（四）完善的国际金融市场体系和高度垄断的跨国金融基础设施

第二次世界大战之后，国际经济交往密切程度的迅速上升是以市场化、金融化为主要特征的，对国际金融市场的控制权已经成为国际经济领域霸权的核心内容。有学者提出金融霸权主要包含三大结构：以霸权货币为核心的结算体系、一体化金融市场，以及支撑各国货币合作的体系。[①] 很显然，美国除了通过美元获得了全球货币霸权之外，也同时拥有完善而强大的金融市场体系和金融基础设施。通过百余年的时间，美国建立了一个极其完整而立体的金融市场体系，从种类上来说涵盖证券、资本、信贷、保险、大宗商品等各种子市场；从结构上来说，建立了基于纽约的顶级国际市场与区域性市场相匹配的体系；[②] 从内容上来说，整个市场涵盖交易前、中、后各个环节，同时配套投资银行、金融咨询、法律与会计事务、信用评级、金融媒体信息等辅助机构，使得全世界任何一家公司涉足国际金融领域，都不可能将美资机构隔离在外。

以国际信用评级机构为例，当前国际信用评级机构的寡头垄断现状深刻体现了美国在国际经济金融领域的霸主地位。

国际评级机构的诞生与世界经济，特别是金融投资活动的自由化、全球化与一体化密切相连，它从一开始就是西方世界全球拓殖的产物。一方面，参与投资活动的各方在地理上往往天南海北，很难实现对彼此信用及维护信用能力的充分了解。然而，另一方面，各方又迫切需要了解彼此的信用情况，从而

[①] 李晓、丁一兵：《亚洲的超越》，当代中国出版社2006年版，第34—35页。
[②] 参见 The City of New York, Office of The Mayor and U. S. Senate, "Sustaining New York's and the US' Global Financial Services Leadership", January 2020, https：//mron-line. org/wp-content/uploads/2020/01/ny_ report_ final. pdf。

确保自己所参与的投资活动不会面临严重的信用风险。在这样的背景之下，具有全球影响力的评级机构应运而生。

从 1860 年亨利·瓦纳姆·普尔（Mr Henry Varnum Poor）最早创立标准普尔公司的前身算起，在百余年的时间里，标准普尔（Standard & Poor's）、穆迪（Moody's）与惠誉国际（Fitch Group）经过不断的兼并壮大与发展，最终成为国际评级领域内具有寡头垄断性质的三大评级机构。

目前世界三大信用评级机构中，标准普尔和穆迪均成立于美国，目前总部位于纽约；惠誉国际于 2014 年由美资公司获得 80% 股权，在纽约与伦敦设有双总部。1975 年美国证券交易委员会（US Securities and Exchange Commission）认可惠誉国际、标准普尔、穆迪为"全国认定的评级组织"（Nationally Recognized Statistical Rating Organization）。由于美国超强的经济实力及其对国际金融投资市场的影响力，美国证券交易委员会的这一认定实际上为这三家评级机构在全球范围内披上了绝对垄断者的外衣，也打上了深刻的美国全球经济霸权的烙印。这三家评级机构在全世界范围内获得了超级权力，它们的评级权力甚至达到了足以影响主权国家经济安全的水平。

近年来，三大评级机构与金砖五国的冲突不断，主要表现为三大评级机构不断下调金砖五国的信用评级。惠誉在 2015 年 12 月将巴西主权信用评级从"BBB-"降至"BB＋"（垃圾级）后，2016 年 5 月再次下调巴西主权信用评级。2016 年以来，三大评级机构中仅惠誉国际将俄罗斯评级定为投资级，其他两家机构对其评级皆低于投资级。2017 年 4 月，惠誉国际将南非的主权信用评级降为垃圾级，这也是继标准普尔之后，第二个将南非主权信用评级降为垃圾级的国际主要评级机构。2016 年 3 月以来，中国接连收到了穆迪和标普的"负面"展望报告。印度的评级状态同样糟糕，甚至远低于中国，这使得印度媒体对于三大评级机构尤为不满，认为它们不仅偏袒西方发达国家，也在偏袒中国，故意冷落印度。针对三大机构的这些动作，金砖五国的反应也极为激烈，它们强烈批评三大评级机构存在"双重标准""政治导向""根深蒂固的偏见"等严重问题。①

另外，美国政府为构建全球金融市场权威体系提供了最大限度的政策优势，对所有国内外银行予以完全一致的待遇，建立"美国存托凭证"（American Depositary Receipt，ADR）和"纽交所全球股份"（NYSE Global Shares）制度，尽最大可能为全球融资者提供便捷渠道。

ADR 是代表非美国公司有价证券的一种凭证，可在纳斯达克证券交易所（Nasdaq）、美国证券交易所（American Stock Exchange）、纽约证券交易所（New York Stock Exchange）三大证券交易所自由交易，这使得美国投资者投资外国公司更为方便。目前有超过 2000 种 ADR 在美国发行并交易，但只有美国等少数几个国家准许这种存托凭证上市制度。随着跨国交易日益增长，ADR 无法满足全球自由投资的需求，纽约证券交易所推出"全球股份"，这是一种非美国公司在纽交所上市的普通股，全世界的投资者都可以在纽交所购买。②

在国际金融市场领域中，美国所拥有的超强势地位不仅来自卓越的前端市场建设，更源于它高度重视后台的跨国金融基础设施建设，并对这些基础设施拥有超强的控制权。从 20 世纪 70 年代至

---

① Qi Kai，"Alternative Rating Agency"，*China Africa*，September 2017，pp. 20 - 21.
② 宗良等：《纽约金融中心建设的经验与启示》，《国际金融》2013 年第 9 期。

第二章　美国在国际经济领域的"长臂管辖"：历史先声与现实基础　/　47

今，美国先后建设了"纽约清算所银行同业支付系统"（Clearing House Interbank Payments System，CHIPS）和"持续连接清算系统"（Continuous Linked Settlement，CLS），实现了对全球金融跨境交易活动的全面掌控。

纽约清算所银行同业支付系统是全球最大的私营支付清算系统，尽管其成员只有数十家，但几乎囊括了全球最主要的跨国超大银行，因而也是世界上最大的美元清算系统，日均交易处理量超过1.5万亿美元。①

由于美元始终在全球外汇交易中占据主导地位，因此美国主动推动建立了持续连接清算系统，并于2002年在纽约成立CLS国际银行（CLS Bank International），负责处理跨国外汇清算业务。

业界一般认为，超过95%的国际美元跨境支付通过CHIPS系统处理；路透社（Reuters）的报道称，2017年CLS预估全球外汇市场50%的业务经由自身处理，日交易量约为1.5万亿美元；CLS官方网站称，截至2018年，公司为全球71个结算成员和25000个第三方客户提供服务，服务范围涵盖全球18种货币。②

CLS与CHIPS系统虽然在名义上属于具有美国国籍的企业，但很明显它们带有跨国非政府组织的性质，所提供的产品与服务也具有一定的国际社会公共产品的性质；然而，美国却在未与任何他国、国际组织协商的情况下，擅自以自己的国内

---

① https：//www.theclearinghouse.org/-/media/new/tch/documents/payment-systems/chips-public-disclosure-2018.pdf，2018，p.1.

② 参见黄昱程《美国银行间支付结算系统（CHIPS）之运作》，《财经资讯（季刊）》2011年第3期；https：//uk.reuters.com/article/global-forex-volumes-idUKL5N1GK1F，2017；https：//www.cls-group.com/about-us/our-history/，2019。

法对这两大系统进行严格监控。

美国现行法律规定，所有经过 CHIPS 系统的交易均需接受美国《统一商法典》(US Uniform Commercial Code) 第 4A 条款管辖；CLS 国际银行因位于纽约市，故而接受纽约联邦储备银行 (Federal Reserve Bank of New York) 的管辖。2008 年次贷危机之后，美国政府全面加强金融监管，CHIPS 和 CLS 系统均被认定为"具体系统重要性的金融市场工具" (Systemically Important Financial Market Utilities)，从而被置于联邦储备系统的直接监管之下。①

CLS 与 CHIPS 这两大系统分别涉及跨国美元支付与国际外汇交易领域，具有两项共同特征：受到美国政府和法律的严格控制与全面管辖；具有高度的全球市场垄断性。这足以保证美国对世界各国各地区绝大多数公司与个人的跨境金融活动实现"长臂管辖"。

当前国际金融行业所依赖的另一个重要跨境交易辅助系统为环球银行金融电信协会 (Society for Worldwide Interbank Financial Telecommunication, SWIFT)，银行和其他金融机构通过 SWIFT 提供的加密交换报文服务，从而完成跨境金融交易；不过 SWIFT 本身不是银行，无法提供任何转账或清算业务。

根据 SWIFT 官方网站介绍，其服务遍及全球 200 多个国家和地区，合作机构超过 11000 所。SWIFT 总部位于比利时布鲁塞尔，接受当地法律管辖，尽管其声称自己保持中立。但从以往的实践来看，美国拥有强大的威慑力，能够迫使 SWIFT 完全

---

① 参见 Uniform Commercial Code-Funds Transfer, U.C.C. §4A (2012); Financial Stability Oversight Council, US Department of the Treasury, "Financial Stability Oversight Council Makes First Designations in Effort to Protect Against Future Financial Crises", July 18, 2012, https：//www.treasury.gov/press-center/press-releases/Pages/tg1645.aspx。

配合自己的政策。

另外，SWIFT完全无法独立于美国的金融霸权之外；相反，它需要积极融入由美国控制的跨国金融基础设施，才能确保进一步扩展业务。①

美国有研究人员曾指出，美国国会授权美国总统，如遇SWIFT不肯配合美国制裁伊朗政策之际，美国总统可对SWIFT的董事会成员施以制裁，而这些董事会成员往往都是全球跨国大型银行的高级管理人员，无论是他们个人还是其所属的银行，都无法承受被美国制裁的后果，因此SWIFT董事会难以拒绝SWIFT必须配合美国国际制裁的要求。

2018年11月，美国财政部宣布得到SWIFT的确认，后者将停止为伊朗央行和美国指定的伊朗金融机构服务。由于SWIFT的专业特点，被SWIFT除名的银行将无法与全球同业者进行报文联系，因而等同于被彻底孤立。②

（五）在网络信息及其他高科技领域的垄断地位

互联网自在美国诞生以来，伴随着全球化浪潮，在世界各地获得了飞速发展，随即形成了一个继陆、海、空、天之后的第五类空间。在信息科技迅猛发展的时代里，互联网已经成为国际经济稳定有序运行的一个关键媒介与场所，譬如前述的跨国金融市场体系和金融基础设施实际上都是基于互联网而建立的虚拟载体，但它却能

---

① 参见《附录》（乙）《SWIFT关于美国支付市场基础设施同意支持SWIFT gpi业务的跨境支付查询的公告》。

② 参见 https://www.aljazeera.com/news/2018/11/swift-matters-iran-spat-181105172906627.html, 2018; Richard Goldberg, "What Trump must do to stop Europe from end-running his Iran sanctions", 2018, https://www.fdd.org/analysis/2018/09/26/what-trump-must-do-to-stop-europe-from-end-running-his-iran-sanctions/, 2018. 另可参见《附录》（丙）俄罗斯卫星通信社有关SWIFT与执行美国对伊朗制裁的两则具有时间先后顺序的报道，可以清晰看出美国政府可以对SWIFT施加使其完全无法抵抗的压力。

对世界各国的经济社会安全产生重大的影响。

美国凭借着先天优势，在互联网与信息科技领域拥有绝对垄断地位，实现了美国霸权由现实空间向虚拟空间的"无缝衔接"，并且按照自己的利益需要，将现实世界的域外"长臂管辖"延伸到网络世界，声称凡是利用了美国网络空间的经济活动都理应受到美国的管辖。最令人惊叹的例子莫过于，美国宣称因为谷歌公司Gmail电子邮箱系统的总服务器置于美国境内，所以凡是通过谷歌Gmail电子邮箱系统从事了违反美国法律的活动，美国政府就天然地对一切相关活动及相关法律主体拥有管辖权力。①

美国在互联网与信息科技领域的垄断与霸权地位主要体现在以下几个方面。其一，独霸全球互联网资源的至高分配权。每一台互联网设备都需要一个独一无二的IP地址，每个国家和机构都需要独一无二的域名，美国将对域名根服务器（Root Name Server）的控制权掌握在自己手中，②并且反对国际社会对域名根服务器多元化的要求。③ 这实际上就是将全球各国各机构参与互联网的权利把持在自己手中。

其二，通过美国企业长期保持在互联网软件服务领域的优势地位。当前全球操作系统市场由微软、谷歌和苹果三家公司垄断，以谷歌、亚马逊、脸书和苹果为首的四大高科技寡头企业在云计算、人工智能等领域依然走在世界前列，特别是谷歌旗下的搜索引擎与电子邮件服务在世界众多国家的市场占有率达到了惊人的水平，形成了事实上的全球垄断。结合美国所声张的所谓的"基于Gmail的管辖权力"，这简直意味着世界上许多国家的公民都处于美国法律

---

① 参见US v. Magyar Telekom, Plc.: Court Docket No. 11-CR-597（12/29/11）；US Against Jeffrey Webb, et al., Indictment 15 CR 0252（RJD）（RML）, United States District Court, Eastern District of New York, Filed in Clerk's Office US District Court EDNY, May 20, 2015, Brooklyn Office, p. 69.

② 杜雁芸：《美国网络霸权实现的路径分析》，《太平洋学报》2016年第2期。

③ 杨剑：《开拓数字边疆：美国网络帝国主义的形成》，《国际观察》2012年第2期。

第二章 美国在国际经济领域的"长臂管辖":历史先声与现实基础 / 51

的潜在管辖之下,究其原因,只是因为他们使用了 Gmail 作为自己的常用电子邮箱。

根据 StatCounter Global Stats 的市场统计数据,截至 2019 年 4 月,在全球计算机设备操作系统市场,微软的视窗系统占比为 39.89%,谷歌的安卓系统为 35.41%,苹果系统为 20.63%,合计为 95.93%。根据 The Statistics Portal 的市场统计数据,截至 2019 年 2 月,谷歌在巴西搜索引擎市场拥有 96.18% 的份额,印度为 95.9%,在欧洲大陆主要国家的市场占比均超过 90%,在英国、加拿大和美国本土的份额也超过 84%,日本为 79.64%。①

其三,牢牢控制对互联网技术标准和规则的控制权。互联网的诞生来自美国在冷战期间对抗苏联的需求。20 世纪 60 年代末期,美国国防部高级研究计划局(Defense Advanced Research Projects Agency)发明了互联网的前身——阿帕网(Advanced Research Projects Agency Network),20 世纪 70 年代高级研究计划局进一步推动了对互联网结构搭建与协议标准的研究。当前国际互联网所使用的 TCP/IP 协议标准,是由美国军方开发的。②

多年来,每当其他国家提出更新技术标准的要求时,这些要求都会遭到美国的强烈反对。2011 年 12 月 8 日,时任美国国务卿希拉里在荷兰海牙"网络自由大会"(Conference on Internet Freedom)发言,提到尽管有些国家正在试图改变管理因特网的方式,但美国政府的观点是"不坏不修",依然支持早些时候全世

---

① http://gs.statcounter.com/os-market-share, 2019; https://www.statista.com/statistics/220534/googles-share-of-search-market-in-selected-countries/, 2019.

② 参见 Vinton G. Cerf and Edward Cain, "The DoD internet architecture model," *Computer Networks* (1976) 7, No. 5 (1983), pp. 307–318.

界30多个经合组织（OCED）国家制定的因特网管理原则。①

在最近的华为5G风波中，更可以清晰地看出美国高度关注来自外界的挑战，无法容忍自己丧失在信息科技领域的传统优势。②2019年5月15日，美国总统特朗普签署了一项名为《确保信息与通信技术与服务供应链安全》（Executive Order on Securing the Information and Communications Technology and Sevices Supply Chain）的行政令，宣布进入国家紧急状态，将禁止美国企业使用"外国对手"提供的电信网络设备和服务。白宫发言人桑德斯在一份声明中表示："本届政府将尽一切努力保持美国的安全和繁荣，保护美国免受外国对手针对美国通信基础设备薄弱环节的攻击。"华尔街日报认为，"不管具体文本内容是什么，其矛头显然指向中国。这项行政令未提及任何国家或公司的名字，但此举实际剑指中国电信企业华为技术有限公司和中兴通讯股份有限公司"③。

其四，除去在网络信息科技领域的垄断地位以外，美国在其他高科技领域，特别是与第三代信息科技革命相关的领域，实际上也依然保持着全球最强的地位。尽管近年来中国在高科技领域不断加速追赶美国，但领域内的专业人士依然承认，在包括微电子、生命科学、精密仪器、航空航天、精细化工在内的各种高科技细分领域，美国依然保持着全球最先进水平。

2016年11月，中国科学院科技战略咨询研究院等机构发

---

① 参见 Secretary of State, US State Department, "Remarks by Secretary Clinton: Conference on Internet Freedom", December 8, 2011, https：//2009 – 2017. state. gov/secretary/20092013clinton/rm/2011/12/178511. htm。

② Donald John Trump, Remarks by President Trump on United States 5G Deployment, April 12, 2019, https：//www. whitehouse. gov/briefings-statements/remarks-president-trump-united-states-5g-deployment/；White House, Statement from the Press Secretary, May 3, 2019, https：//www. whitehouse. gov/briefings-statements/statement-press-secretary-54/.

③ "Trump Steps Up Assault on China's Huawei", *Wall Street Journal*, May 15, 2019, https：//www. wsj. com/articles/trump-telecom-ban-takes-aim-at-china-huawei-11557953363.

第二章 美国在国际经济领域的"长臂管辖":历史先声与现实基础 / 53

布《2016研究前沿》报告,系统比较了美、中、日、德、法、英六国在180个科技前沿领域的水平,指出美国的总体实力和发展潜力都大幅领先于其他五国。在前沿引领度方面,美国在152个前沿领域都有通讯作者核心论文入选(前沿引领度接近85%),约80%(145个)的前沿的通讯作者核心论文数排名在前3名,约60%(106个)的前沿位于第1名。从这三个角度看,美国遥遥领先于中国、日本、英国、德国、法国。[①]

2019年4月,全球排名第二、全美第一的科技领域智库"信息技术与创新基金会"(Information Technology and Innovation Foundation)发布报告,探讨中国在科技创新领域对美国的追赶形势,报告指出在研究投入、顶尖大学成果等多项领域中,中国与美国仍存在非常大的差距。[②]

在一个格外讲求分工协作的全球化时代,处于产业链最顶端的美国对其他各国拥有强大的控制力与威慑力,这也是美国能够对其他国家随意开展制裁的关键基础之一。

总的来说,从19世纪末逐步成为主要资本主义经济大国以来,出于维护本国利益、加强对外竞争的需要,美国开始改变以往长期坚持的司法"属地管辖"原则,转而在反垄断、国际证券交易等领域创制法律,发明新的管辖权依据,希望以此加强在国际经济领域的域外管辖权。

随着时间的发展,美国的政治与经济实力不断增长,在国际经济领域最终获得了坚实的霸权地位,在国际货币、金融市场、金融基础设施、互联网、先进科技等领域拥有充分的主导权力。

[①] 参见中国科学院科技战略咨询研究院等《2016研究前沿》,2016,https://clarivate.com.cn/research_fronts_2017/2016research.pdf。

[②] 参见Robert D. Atkinson and Caleb Foote, "Is China Catching Up to the United States in Innovation?", 2019, http://www2.itif.org/2019-china-catching-up-innovation.pdf。

全球利益的存在，使得美国发现自己既有需求也有能力借助多种场合与手段对国际经济领域进行无限的"长臂管辖"，强迫他国政府、公司与个人按照自己的喜好与利益需求行事。

第三章 美国在国际经济领域的"长臂管辖":理论准备、具体实践与发展阶段

第一节 美国为在国际经济领域施行"长臂管辖"所做的理论准备

世界各国行使域外管辖权时一方面需要受到约束,另一方面实际所受到的约束又不足,因此产生冲突在所难免。在这样的背景之下,大多数国家在实践中又形成了一些不成文的克制规则,意在尽力避免或缓和冲突,其主要体现为:礼让说(Theory of Comity)、国家豁免说(Theory of Sovereign Immunity)、一事不再理说(Theory of Res Judicata)、不方便法院原则(Doctrine of Forum Non Convenience)等。①

"礼让说"是指一国法院出于国际礼仪的考虑,愿意拒绝

---

① 参见徐卉《涉外民商事诉讼管辖权冲突研究》,中国政法大学出版社2001年版,第116—117页;江国清:《演变中的国际法问题》,第30—31页;刘力:《国际民事诉讼管辖权研究》,第215—249页;张茂:《美国国际民事诉讼法》,中国政法大学出版社1999年版,第80—168页;李旺:《国际诉讼竞合》,中国政法大学出版社2002年版,第18—20页;徐伟功:《美国国际民事管辖权中的两大阀门——不方便法院原则与禁诉命令》,《甘肃政法学院学报》2006年第2期。

行使自己的涉外管辖权。

"国家豁免说"一般是指一个国家不受另一个国家管辖,就司法管辖而言,特别是指一国法院不得对外国国家的行为或财产行使管辖权,这是长期以来形成的一项习惯国际法原则。[①]

"一事不再理说"是指当某国法院正在审理某诉讼时,其他国家的法院将不再受理该诉讼,以避免产生不必要的管辖权冲突。

"不方便法院原则"是指对某一案件具有国际民事诉讼管辖权的法院,综合考虑当事人及本法院便利等各种因素,并认为有其他更方便法院同样拥有管辖权,且符合当事人与大众利益,则拒绝执行管辖权的原则,该原则可以有效防止"挑选法院"(Forum Shopping)的行为,避免不必要的司法资源浪费,也能体现对他国司法管辖权的尊重。

这些规则的根本目的在于,在一个相互依赖不断加深的时代里,减少跨国诉讼资源浪费,提升司法效率,促进国际司法合作,维护国家间良好的政治与经济关系。欧洲主要大国还构建了以《布鲁塞尔公约》(Brussels Convention)和《卢加诺公约》(Lugano Convention)为代表的地区性国际公约,用于规范国际民商事管辖权。1968年9月,当时的欧洲共同体6国,法国、联邦德国、意大利、荷兰、比利时和卢森堡在布鲁塞尔签署了《关于民商事案件管辖权和判决执行公约》(Brussels Convention of 27 September 1968 on Jurisdiction and the Enforcement of Judgments in Civil and Commercial Matters),被称为《布鲁塞尔公约》。1988年,欧共体又与欧洲自由贸

[①] 随着国际法实践的日益复杂,如何执行国家豁免的问题也变得更加复杂,这里不做赘述。后文会更详细地讨论美国政府对于外国主权豁免态度的变迁,这一过程鲜明地体现了美国为了实现在国际经济领域的"长臂管辖"而不断改换立场。

易联盟（奥地利、芬兰、冰岛、挪威、瑞典、瑞士）在瑞士卢加诺签订了与前述同名的公约，被称为《卢加诺公约》（Lugano Convention of 16 September 1988 on Jurisdiction and the Enforcement of Judgments in Civil and Commercial Matters）。二者经过多次修订，目前是解决欧盟各成员国之间民商事管辖权问题最重要的文件，被合称为"布鲁塞尔制度"（Brussels Regime）。①

在域外刑事管辖权领域，也有包括《联合国打击跨国有组织犯罪公约》（United Nations Convention against Transnational Organized Crime）《联合国反腐败公约》（United Nations Convention against Corruption）在内的数十种多边国际公约，其目的就在于加强国际刑事司法合作，协调各国合理行使域外刑事管辖权。②

然而，美国对域外管辖权的学理认知却表现出与国际社会主流愿望和做法背道而驰的特征。第二次世界大战结束后，以美国为代表的西方国际法学界开始流行将管辖权划分为执行管辖权（Executive Jurisdiction）、立法管辖权（Legislative Jurisdiction）和司法管辖权（Judicial Jurisdiction），意在改变以往国际法中只狭义讨论司法管辖权的做法，拓展域外管辖权的适用范围。国际法学者迈克·安克赫斯特（Michael Barton Akehurst）认为，"国际管辖权"可以分为执行管辖权、司法管辖权和立法管辖权，其中"一国在另一国领

---

① 参见 Brussels Convention of 27 September 1968 on Jurisdiction and the Enforcement of Judgments in Civil and Commercial Matters; Lugano Convention of 16 September 1988 on Jurisdiction and the Enforcement of Judgments in Civil and Commercial Matters; 欧盟官方网站链接：https：//eur-lex.europa.eu/legal-content/EN/ALL/? uri = CELEX%3A22007A1221%2803%29。

② 在国际刑事司法合作中，引渡是其中重要的内容，国际社会对此逐步形成了较多的共识，以"互惠"（Reciprocity）为基础，有越来越多的国家支持通过缔结国际公约来为缔约国开展引渡合作提供法律基础。美国在这当中仍然扮演的是一个保守主义的角色，一直强烈坚持"无双边引渡条约则不予引渡"的原则（又被称为"条约前置主义"）。参见黄风《国际刑事司法合作的规则与实践》，北京大学出版社 2008 年版。

土内实施行为的权力称为执行管辖权,一国法院审判涉及外国因素的案件的权力称为司法管辖权,一国将其法律适用于涉及外国因素的案件的权力称为立法管辖权"。①

1952 年美国法学会(American Law Institute)在更新既有各领域《法律重述》(Restatements of the Law)的同时,第一次增加了对美国的对外关系法(Foreign Relations Law of the United States)的重述。1987 年,在第三次修订《美国对外关系法重述》(Restatement, Third, Foreign Relations Law of the United States)中也对国际法中的管辖权做出了类似的划分,包括立法管辖权(Jurisdiction to Prescribe)、裁判管辖权(Jurisdiction to Adjudicate)和执行管辖权(Jurisdiction to Enforce)。② 美国法学会还在第三次修订中格外强调了对"被动国籍原则"的支持,声称只要受害者国籍隶属于美国,则施害者无论其国籍或身处地域,都应受到美国的管辖。③

美国法学会撰写法律重述是由来已久的传统,对立法和司法具有重大影响,也为司法判案和行政执法提供了理论源泉。它在1952 年创立对外关系法重述,并于 1965 年和 1987 年两次修订,④ 这是美国法学界的一个重要动向。

考虑到美国法学会在美国法律理论界的崇高地位,以及它与联邦及各州法院、司法部部长、知名大学法学院、顶级律师事

---

① 参见 Michael Akehurst, Jurisdiction in International Law, 46 Brit. Y. B. Int'l L. 145 (1972 – 1973).

② 参见 American Law Institute, Restatement of the Law, the Foreign Relations Law of the United States, sec. 401, 1987; John B. Houck, "Restatement of the Foreign Relations Law of the United States (Revised): Issues and Resolutions", The International Lawyer 20, No. 4, 1986, p. 1367.

③ Rosalyn Higgins, Problems and Process: International Law and How We Use It, Oxford: Clarendon Press, 1994, pp. 66 – 67.

④ 2012 年起,美国法学会启动了第四次《对外关系法重述》的编纂工作,2017 年 5 月 22 日在美国法学会 2017 年度大会上,会员们表决通过了主权豁免、条约和管辖权三个章节的草案。参见杜涛《国际私法国际前沿年度报告(2016—2017)》,《国际法研究》2018 年第 3 期。

务所的密切关系,① 可以明显感觉到美国法律理论界在推动一轮理论创新,为美国域外管辖权的"长臂化"做好思想准备与理论背书。

诸如此类在学理层面的立法、释法、执法思想的转变,归根结底是对美国希望全面扩张域外管辖权的生动回应。这一倾向,与第二次世界大战后美国全球影响力的迅速扩大也有着密切的关系,海外利益的急剧扩张使得美国在心理上也急切盼望对全球事务,特别是国际经济事务进行"长臂管辖"。

思想为实践提供指引,在各种域外管辖"长臂化"法学思想的启发之下,美国州与联邦法院首先行动起来,在实践中创制了各种管辖权依据原则,以获得宽泛的自主解释权与裁量权。这一现象很快就启发了联邦权力体系中的另外两个支柱——国会与行政部门。它们三者共同构成了美国在国际经济领域"长臂管辖"的实践主体,并且相互配合,力图实现美国利益的最大化。

第二节 美国在国际经济领域"长臂管辖"的实践主体、手段与特征

许多政治学者都指出了官僚机构与官僚寻求扩张的特征,② 詹

---

① 美国法学会实行会员制,新会员需由老会员推荐方有可能入会,具有高度精英化、专业化的鲜明特征。联邦最高法院、联邦上诉法院及各州最高法院和法官,以及美国司法部部长、各律师协会会长、各顶级大学法学院的院长、知名教授在任期间基本上都是该协会的会员。因此,从某种意义上来说,美国法学会是美国法律的真正权力机构,它领导着美国与法律相关的一切顶级机构,控制着美国从法学生培养、律师考核、到立法、释法、司法、执法的整个流程。参见 https://www.ali.org/members/directory/, 2019。

② 参见 B. Guy Peters, *The Politics of Bureaucracy*, 5th ed., London: Routledge, 2001; Thomas E. Borcherding, ed., *Budgets and Bureaucrats: the Sources of Government Growth*, Durham, N.C.: Duke University Press, 1977; William A. Niskanen, Jr., *Bureaucracy and Representative Government*, Chicago: Aldine, Atherton, 1971.

姆斯·布坎南（James M. Buchanan）将这一政治现象称之为"脱缰的民主"——"制度上，个体官僚有扩大他所在部门的积极性……所以这种扩张本部门的积极性是政府中极为普遍的。"① 这一描述非常符合美国权力部门扩张域外管辖权的意愿与行动。简而言之，拥有美国法学理论界的主张作为思想引领，美国权力部门乐于为美国域外管辖权的"长臂化"竭尽所能地贡献自己的力量。

以《谢尔曼反垄断法》所处时代的传统而言，国会在制定成文法的时候，并不刻意标榜针对域外行为。至于法院如何看待域外管辖权并决定是否实施域外"长臂管辖"，则由法院自行决断，法院也倾向于仅在反垄断等跨国经济事务中行使这种管辖权力。至于行政执法部门，扮演的实际上是法院的配角，采取被动反应（Passive Reaction）策略，在有限范围内调查（譬如接到举报后再行动），并不体现出强烈的主观能动性。尽管在那个历史先声期，美国权力部门对国际经济领域的域外"长臂管辖"已经萌生初态，但基本上立法、司法、行政三大权力部门尚处于比较收敛与保守的状态。这可以被视为彼时美国在国际经济领域的霸权的主要底色依然是"仁慈与良性的"（Benevolent and Benign），然而之后这种底色却朝着"强制与掠夺"（Coercive and Predatory）的方向转变。②

当上述传统做法被颠覆之后，联邦法院倾向于进一步扩大本已有之的管辖权，而拥有所谓"国际法意义上"的"立法管辖权"和"执行管辖权"的国会与行政执法部门则不断发掘新的"长臂管辖"手段。三者彼此促进，相互协助，共同构成美国在国际经济领域实践"长臂管辖"的主体体系。

---

① 詹姆斯·M. 布坎南：《自由的界限》，董子云译，浙江大学出版社2012年版，第198—205页。

② Duncan Snidal, "The Limits of Hegemonic Stability Theory", *International Organization*, Vol. 39, No. 4, Autumn, 1985, pp. 579–614.

第三章 美国在国际经济领域的"长臂管辖":理论准备、具体实践与发展阶段

(一)国会的实践与手段

国会由于拥有制定成文法的权力,是美国在国际经济领域施行"长臂管辖"时的顶级权力主体[①]。国会的施行手段及其特征大致表现为以下几个方面。

第一,热衷于制定聚焦域外主体开展跨国经济活动的法律,确保联邦法院和行政部门在国际经济领域对域外主体进行"长臂管辖"时"有法可循"。从冷战时期满足美国在经济上封锁社会主义世界的需要,到21世纪以来实现美国在国际经济领域贯彻"强制与掠夺性霸权"的意志,美国国会制定了众多单边"长臂管辖"法律,以对国际经济领域实现全方位的"长臂管辖"(参见表3-1)。

表3-1 美国国会涉及国际经济领域"长臂管辖"的部分立法(1949—2018年)

法案及制定年份	英文名	主要内容	补充说明
《1949年出口控制法》	Export Control Act	在军用、军民两用、民用领域控制敏感技术出口,宣称这些技术全程拥有美国国籍,并保留对全球一切违反者的追究权力	之后5次修订,已失效,但其规定与制度由《国际紧急状态经济权力法》相关内容继承
《1970年反犯罪组织侵蚀合法组织法》	Racketeer Influenced and Corrupt Organizations Act	该法本意为打击国内有组织犯罪,但有关"邮政及电信欺诈"(Mail and Wire Fraud)与"银行欺诈"(Bank Fraud)为美国权力部门实行域外管辖提供了法理依据	依据此法,在网络时代,美国权力部门认为,全球任何企业或个人使用美国邮件服务器、美国邮政或美国银行服务开展犯罪,即可构成欺诈犯罪,可受美国管辖

[①] 当然,这种至高无上的立法权也是相对而言的,美国宪法不允许国会制定任何违反宪法本身的法律。

续表

法案及制定年份	英文名	主要内容	补充说明
《1974年贸易法》	Trade Act	该法律要求美国贸易代表直接处理与他国贸易纠纷,其中以"301条款"最为知名,可对其他国家采取单方面行动	1979年、1988年、2002年多次修订
《1976年外国主权豁免法》	Foreign Sovereign Immunities Act	该法明确规定,拒绝对外国国际的商事或民事行为给予豁免,因此对国际经济事务具有重大影响。该法并不涉及实体责任,属于管辖权领域的法律,体现了美国从尊重国际社会的"绝对豁免"惯例彻底转向"限制豁免"立场	1996年该法修订,针对所谓的支持恐怖主义国家的豁免权问题,追加了有关追溯力的条款,使其这一国内法的"长臂"在时间领域内进一步拉长
《1977年国际紧急状态经济权力法》	International Emergency Economic Powers Act	该法主要涉及经济安全,授权总统处理主要或全部来自美国以外的威胁,总统可以根据该法,行使外汇管制、阻止外国投资等各项权力	9·11以后,国会进一步全面扩大了这部法律的管辖与强制权力
《1977年海外反腐败法》	Foreign Corrupt Practices Act	该法(又译"反海外腐败法")主要打击跨国商业贿赂犯罪,并规范企业会计规则。其宽泛的域外管辖权使其饱受国际社会批评	1988年与1998年两次修订,并大幅拓展域外管辖权
《1996年赫尔姆斯—伯顿法》	Helms-Burton Act	美国公民与企业有权向美国法院起诉全球任何与古巴从事经贸往来的政府、企业和个人	又称《古巴自由和民主声援法》(Cuban Liberty and Democratic Solidarity Act)
《2000年防止向伊朗、朝鲜和叙利亚扩散法》	Iran, North Korea, Syria Nonproliferation Act	被美国政府认定与伊朗、朝鲜、叙利亚有违反制裁内容经贸往来或技术转让的其他国家的企业或个人,受美国制裁	该法最早只针对伊朗,2005年叙利亚被加入,2006年朝鲜被加入

第三章 美国在国际经济领域的"长臂管辖":理论准备、具体实践与发展阶段 / 63

续表

法案及制定年份	英文名	主要内容	补充说明
《2001年美国爱国者法》	USA Patriot Act	依据反洗钱、打击支持恐怖主义行动等条款,全面加强对跨国金融活动及其实施者的"长臂管辖"	2015年6月1日,本法失效。6月2日,基本保留原有主要内容的新法案生效,称为《美国自由法》(USA FREEDOM Act),有效期至2019年年底
《2010年多德—弗兰克华尔街改革和消费者保护法》	Dodd-Frank Wall Street Reform and Consumer Protection Act	全面扩展美国权力部门对全球跨国银行、证券交易机构及相关个人的管辖权,并加强对CHIPS、CLS等跨国金融交易基础设置的控制权,声称一切经过上述系统的交易均可受美国管辖	2018年5月22日,特朗普推动实现国会对该法修订,一定程度上放松对美国国内金融机构的监管,但涉及"长臂管辖"的内容并未得到改变
《2010年海外账户合规法》	Foreign Account Tax Compliance Act	该法要求外国金融机构向美国税务当局披露美国公民的海外账户信息	全球大批金融机构被迫在美国国税局登记并接受监管
《2017年美国敌对国家制裁法》	Countering America's Adversaries Through Sanctions Act	被美国政府认定与伊朗、朝鲜、俄罗斯有违反制裁内容经贸往来或技术转让的其他国家的企业或个人,受美国制裁	特朗普一直在寻求修订此法并加强管辖权限与强制力度

资料来源:笔者搜集自制。

第二,向联邦行政执法部门充分授权,鼓励其大力拓展在国际经济领域的"长臂管辖"。譬如,国会将《1949年出口控制法》、《2000年防止向伊朗、朝鲜和叙利亚扩散法》、《2017年美国敌对国家制裁法》中的大量执法权赋予商务部(US Department of Commerce)和国务院(US Department of State);将《1974年贸易法》、《1977年国际紧急状态经济权力法》所含有的执法权力大幅下放给总统本人及贸易代表办公室(Office of the United States Trade Representative）；司法部（US Department of Justice）和证券交易委员会（US Securities and Exchange Commission）则获得了打击海外腐败、非法证券交易的广大权力；美联储、财政部（US Department of the Treasury）及其下属的各种庞大分支机构则被国会授权处理各类跨国金融、海外税收等事务。另外，国会还授权这些行政执法部门相互协助，并且将实际上更重要的"准立法权"（Quasi-Legislative Power），即制定执法规则的权力赋予了行政部门，这实际上无限放大了后者实施"长臂管辖"的权力。

第三，推动"长臂管辖"法律出口，建设"执法同盟"。当国会制定出聚焦国际经济领域"长臂管辖"的成文法之后，往往会在文本中强调行政部门需积极向他国游说或施压，促使后者接受此法律或制定类似法律，实现本国"长臂管辖"法律的"出口"。国会还鼓励建立所谓的"执法同盟"，使美国一国的"长臂管辖"法律可以"名正言顺"地在他国领域内发挥效力。

《1977年海外反腐败法》的推广过程可以被视为一个典型的成功案例。1988年，美国国会对《1977年海外反腐败法》进行修订，并敦促行政部门设法鼓励美国的贸易伙伴国开展类似立法。[①] 1997年12月，经合组织33个成员国政府在巴黎签署了《打击行贿外国公职人员公约》（Organization for Economic Cooperation and Development Convention on Combating Bribery of Foreign Public Officials in International Business Transactions），[②] 缔约国承诺将会完全批准此公约，并将公约内容转化为国内立

[①] US Department of Justice, Proposed Legislative History International Anti-Bribery Act of 1998, 2012, https：//www.justice.gov/sites/default/files/criminal-fraud/legacy/2012/11/14/leghistory.pdf.

[②] Organization for Economic Cooperation and Development, Convention on Combating Bribery of Foreign Public Officials in International Business Transactions and Related Documents, 2011, https：//www.oecd.org/daf/anti-bribery/ConvCombatBribery_ENG.pdf.

第三章 美国在国际经济领域的"长臂管辖":理论准备、具体实践与发展阶段

法。此举使得美国成功扩展了自己私创的对跨国商业领域的"长臂管辖权",并且可以借用他国权力机关的力量为美国利益服务。

(二)联邦法院的实践与手段

得益于宪法授权,联邦各级法院垄断了美国在国际经济领域针对他国政府、企业和个人的域外司法管辖权。联邦法院为维护美国霸权,加强了美国在国际经济领域对他国主体的"长臂管辖",其所采取的手段和特征主要体现为以下三个方面。

第一,随意建立司法管辖权依据原则,尽可能地伸展美国在国际经济领域域外管辖的长臂。如前所述,在美国这样实行普通法的国家中,一切司法实践都是从确立管辖权开始的,能否确立管辖权,关键就在于依据何种原则。由于国会的成文法一般较为简洁,因而联邦法院的法官们就拥有了几乎无限的权力,创造各种能够确立"长臂管辖权"的方法和标准。在这个过程中,美国联邦法院系统先后发明了"效果标准"(Effects Doctrine)、"行为标准"(Conduct Doctrine)和"效果—行为复合标准"(Effects-Conduct Doctrine)。

"效果标准"考察的是被告的经济行为对美国的影响,只要法官认为某种行为对美国产生了影响,即使该被告不是美国公民、不处于美国领域内、行为未发生在美国领域内,也受美国法院管辖。[①] 在 1945 年"美国诉美洲铝业公司"(US v. Aluminum Co. of America et al.)一案中,联邦第二巡回上诉法院主审法

---

① 参见 United States v. Watchmakers of Switzerland Inf. C., 133 F. Supp. 40 (S. D. N. Y. 1955); Schoenbaum v. Firstbrook, 268 F. Supp. 385 (S. D. N. Y. 1967); Bersch v. Drexel Firestone, Inc., 389 F. Supp. 446 (S. D. N. Y. 1974)。

官比灵斯·汉德提出了所谓的"效果标准",即"任何国家对于那些发生在其境外的但对其境内确有该国所谴责的效果的行为,应当加诸责任,甚至加诸那些并不在其领域内的人……此已是定律,而对此种责任其他国家一般也会认可"。①

"行为标准"则宣称无论行为的结果轻微与否,只要行为发生于美国领域内,则受美国法院管辖。② 该原则同样由联邦第二巡回上诉法院的法官提出。亨利·弗兰德利(Henry J. Friendly)是美国司法史上的传奇法官之一,也是 1972 年"里斯克公司诉麦士威尔"(Leasco Data Processing Equip. Corp v. Maxwell)一案的主审法官。该案中,被告麦士威尔为一家英国公司,为促成原告里斯克公司购买麦士威尔的股票,被告在纽约当地开展了一系列的虚假陈述的活动。弗兰德利法官认为麦士威尔公司这些行为的意图是非常明显的,因而美国法院可以对麦士威尔这家英国公司行使管辖权,美国国内证券法欺诈条款也得以适用。③

"效果—行为复合标准"则是对前二者的叠加使用。1995 年,联邦第二巡回上诉法院在审理"易拓巴公司诉利普集团"(Itoba Ltd. v. LEP Group PLC)一案时,正式提出"效果标准和行为标准并非是截然分开的,相反,将两项标准结合起来往往能够更好地反映系争行为是否存在充分的关联因素,足以证明美国法院行使管辖权的正当合法性"。④ 这一复合标准的建立,实际上使得联邦法院的法官拥有无限理由去随意宣称管辖权,

---

① 参见 US v. Aluminum Co. Of America et al., 148 F. 2d 416, 443 (2d Cir. 1945)。
② 参见 Leasco Data Processing Equip. Corp v. Maxwell, 468 F. 2d 1326 (2d Cir. 1972); Continental Grain, Etc. v. Pacific Oilseeds, 592 F. 2d 409 (8th Cir. 1979)。
③ 参见 Leasco Data Processing Equip. Corp v. Maxwell, 468 F. 2d 1326 (2d Cir. 1972)。
④ 杜涛:《美国证券法域外管辖权:终结还是复活?》,《证券法苑》2012 年第 7 卷,第 900 页。

是联邦法院行使"长臂管辖"最极端程度的生动体现。①

第二,联邦法院系统与立法、行政执法部门之间,以及法院系统内部,有形成政治默契、放任"长臂管辖"无限伸张的嫌疑。

其一,最高法院曾裁定,某外国公民除非与美国有显著联系,否则美国政府工作人员搜查该外国公民在美国境外的财产,并不违反美国宪法第四修正案,该外国公民个人和财产权利也不受宪法第四修正案保护。② 此举使得联邦执法者在境外无视国际法与他国法律的气焰更加嚣张,美国政府甚至开展所谓的"非常规引渡"(Extraordinary Rendition),将身处他国的外国公民绑架回美国交由美国法院审理。③

"非常规引渡"是指由一国政府公开或秘密支持,在正当司法途径之外,将人员绑架并从一国转移至另一国的行为。这些行动有时也得到了相关国家的秘密情报部门的暗中同意或支持。然而,从根本上来说,这些行动都属于"法外递解"(Extrajudicial Transfer)。

多年来,一些调查记者一直在披露,美国政府,特别是中央情报局(Central Intelligence Agency)长期在全球各地实施

---

① 参见 Itoba Ltd. v. LEP Group PLC, 54 F. 3d 118, 1995 U. S. App. LEXIS 10774, Fed. Sec. L. Rep. (CCH) P98, 815, 2d Cir. Conn., May 15, 1995; Kevin LaCroix, "U. S. Securities Enforcement Authorities' Extraterritorial Reach Under Morrison, Dodd-Frank Act", April 24, 2017, https://www.dandodiary.com/2017/04/articles/securities-laws/u-s-enforcement-authorities-extraterritorial-reach-morrison-dodd-frank-act/。

② 参见 United States v. Verdugo-Urquidez, 494 U. S. 259 (1990); Carlos R. Soltero, Latinos and American Law Landmark Supreme Court Cases, Austin, TX: University of Texas Press, 2006, pp. 145 – 156; Charles Doyle, "Extraterritorial Application of American Criminal Law", p. 27。

③ 参见 United States v. Yunis, 681 F. Supp. 896, 1988 U. S. Dist. LEXIS 1857 (1988); Charles Doyle, "Extraterritorial Application of American Criminal Law", Congressional Research Service, February 15, 2012, pp. 32 – 33; Kristen Boon, et al., *Extraordinary Rendition*, New York, N. Y.: Oxford University Press, 2010。

"非常规引渡"。类似的报道也时常见诸于《纽约时报》(*New York Times*)、《纽约客》(*New Yorker*)、《华盛顿邮报》(*Washington Post*)、英国《卫报》(*Guardian*)、《国际先驱导报》(*International Herald Tribune*)等欧美主流媒体。

据称,目前已知的美国政府第一次实施的"非常规引渡"行动发生于1987年9月,美国特工在一艘位于意大利境内的游艇上将黎巴嫩籍劫机嫌疑犯法瓦兹·尤尼斯(Fawaz Younis)绑架并带回美国,该行动得到了时任美国总统里根的授权。

克林顿、小布什、奥巴马政府均被媒体披露执行过类似的"非常规引渡"行动,中央情报局为了逃避美国国内的法律监管,甚至会将被绑架者送往第三国并在那里实行酷刑审讯。①

不过,从已知的公开信息来看,美国政府实施"非常规引渡"行动,其对象一般为恐怖主义、跨国贩毒、海盗、劫机等严重暴力犯罪嫌疑人,目前尚未发现美国政府以此方式对待其他领域的犯罪嫌疑人。

其二,最高法院放任下级法院随意创制、操弄管辖权依据。联邦第二巡回上诉法院位于纽约市,由于地处全球金融中心,所以该院受理的国际金融类案件最多。前文已经证明,通过审理1945年"美国诉美洲铝业公司"案、1972年"里斯克公司诉麦士威尔"案、1995年"易拓巴公司诉利普集团"案,联邦第二巡回上诉法院为了对他国公司或个人确立"长臂管辖"的权力,相继创设了"效果标准""行为标准"和"效果—行为复合标

---

① 参见 Stephen Grey, *Ghost Plane: The True Story of the CIA Torture Program*, New York City: St. Martin's Press, 2006; A. C. Thompson and Trevor Paglen, *Torture Taxi: On the Trail of the CIA's Rendition Flights*, Hoboken, N. J.: Melville House, 2006; Trevor Paglen, *Blank Spots on the Map: The Dark Geography of the Pentagon's Secret World*, New York: Duton, 2010; Wikipedia, "Extraordinary Rendition", https://en.wikipedia.org/wiki/Extraordinary_rendition。

第三章　美国在国际经济领域的"长臂管辖":理论准备、具体实践与发展阶段　/　69

准",对国际证券交易者造成了严重伤害,堪称美国司法史上的一大奇观。尽管不断有国际投资者向最高法院上诉,但直至 2010 年之前,最高法院从未抽调过该类卷宗予以重审,似乎默认了第二巡回上诉法院的"长臂管辖"行为。①

对于不同地区的巡回上诉法院如何运用所谓的"长臂管辖"依据标准,最高法院也持放任自流的沉默态度。譬如,长期以来,国际证券从业者纷纷知悉哥伦比亚特区巡回上诉法院(United States Court of Appeals for the District of Columbia Circuit)对"行为标准"的执行认定最为严格,不轻易凭借此原则确立管辖权;而第三、第八、第九巡回上诉法院(United States Court of Appeals for the Third, Eighth, Ninth Circuit)则对"行为标准"厉行宽泛原则,动辄建立管辖权,这三家法院认为,只要被告所实施的、与证券欺诈的行为发生在美国境内,即使对美国没有产生任何效果,也可对其确立管辖权。②

第三,联邦法院曾将涉及他国主权豁免的法律问题扭曲为政策问题。从 20 世纪 60 年代开始,美国联邦法院将涉及外国国家主权豁免的问题从法律问题转为政策问题,即法院并不独立判案,而是需要依赖美国国务院的建议。这就使得涉及他国主权及其附属财产的诉讼案件,虽然名义上在美国联邦法院开庭审理,但最终决定权却掌握在了属于外交事务行政部门的国务院手中。③根据一些学者的研究结论,只要国务院承认和允许外国国家的豁免要求,联邦法院都会遵令执行。④

---

① 参见杜涛《美国证券法域外管辖权:终结还是复活?》,《证券法苑》2012 年第 7 卷,第 895 页;杜涛:《美国联邦法院司法管辖权的收缩及其启示》,《国际法研究》2014 年第 2 期;Morrison v. National Australia Bank, 561 U. S. 247, 2010。

② 参见李国清《美国证券法域外管辖权问题研究》,厦门大学出版社 2008 年版,第 2 章第 1 节;杜涛:《美国证券法域外管辖权:终结还是复活?》,第 899—900 页。

③ 张茂:《美国国际民事诉讼法》,中国政法大学出版社 1999 年版,第 136—137 页。

④ 黄进:《国家及其财产豁免问题研究》,中国政法大学出版社 1987 年版,第 139 页。

1976年,《外国主权豁免法》在国会通过以后,联邦法院系统实现了扩权,将原本主要属于国务院的国家主权豁免决定权重新收归联邦法院所有。然而《外国主权豁免法》一方面规定拒绝对外国国家商事行为予以豁免,另一方面又从未对"商事活动"给予确切定义,使得联邦各级法院又拥有了难有边界的自由裁量权。

(三) 联邦行政执法部门的实践与手段

在美国对国际经济领域进行"长臂管辖"的实践中,尽管国会与联邦法院拥有崇高权力,但毕竟囿于人力物力,难以成为真正的一线主力。因此,实际上掌握权力最庞大、滥权也最为严重的是联邦行政执法部门,其所受到的外界谴责也是最严重的。

第一,借助国会与联邦法院的公开支持与默许,联邦行政执法部门热衷于打造"跨国执法联盟",通过国际合作,将美国在国际经济领域的"长臂管辖"发展成为"超长臂管辖"。

譬如,司法部犯罪司(Criminal Division, Department of Justice)在全球45个国家常设法律顾问,联邦调查局(Federal Bureau of Investigation)在78个外国城市设立法律专员办公室(Legal Attache Office),联邦缉毒局(Drug Enforcement Administration)拥有92个海外办公室,[1] 美国政府与全球超过2/3的政府签署了引渡协议,[2] 当他国(地)政府不能满足美国的引渡要求时,联邦政府行政执法人员甚至敢于采取非法入境绑架他国公民的方式。[3]

---

[1] Charles Doyle, "Extraterritorial Application of American Criminal Law", Congressional Research Service, February 15, 2012, p. 26.

[2] Charles Doyle, "Extraterritorial Application of American Criminal Law", Congressional Research Service, February 15, 2012, p. 31.

[3] 参见 Max Fisher, "A Staggering Map of the 54 Countries That Reportedly Participated in the CIA's Rendition Program", February 5, 2013, https://www.washingtonpost.com/news/worldviews/wp/2013/02/05/a-staggering-map-of-the-54-countries-that-reportedly-participated-in-the-cias-rendition-program/? utm_ term =.62a4a3dd4b37。

第三章　美国在国际经济领域的"长臂管辖"：理论准备、具体实践与发展阶段　/　71

第二，利用国会授予的准立法权，创设各种粗暴违反国际法规定和国际惯例的行政管辖政策与法规，对外国公民和企业的"长臂管辖"到达了惊人的程度。

譬如，司法部和联邦证券交易委员会共同负责《海外反腐败法》的执行，二者先是创立了"代理银行账户管辖权理论"（Correspondent Bank Account Jurisdiction Theory），规定即使与美国全无联系的外国企业，只要通过美国的代理银行进行了过户，就受美国管辖；① 之后 2011 年司法部又提出"电子邮件服务管辖论"，规定凡使用美国服务器进行违法犯罪，即受美国管辖。② 2015 年 6 月美国司法部、联邦调查局和国税局（Internal Revenue Service）联合执法，要求瑞士警方配合逮捕国际足联多位高官，其声称的管辖依据之一就是这些嫌疑人使用了美国电子邮件服务器从事犯罪活动。③

除此之外，美国商务部等部门还依据各种禁运法令对外国企业实行所谓的"派驻专员"制度。这些专员对外国企业实施全天候监视，动辄以禁运、巨额罚款相威胁，其实质就是"治外法权"的翻版。④ 另外，"长臂管辖"所涉范围极其广泛，涵盖从造成环境污

---

①　参见 Shearman and Sterling LLP,"FCPA Digest: Recent Trends and Patterns in the Enforcement of the Foreign Corrupt Practices Act", January 2012, https://www.shearman.com/~/media/Files/NewsInsights/Publications/2012/01/Shearman--Sterlings-Recent-Trends-and-Patterns-i_ _/Files/View-January-2012-iRecent-Trends-and-Patterns-in_ _/FileAttachment/FCPADigestTrendsandPatternsJan2012.pdf, p.10/18/19; US v. Marubeni Corporation: Docket No.12-CR-022（01/17/12）; US v. Snamprogetti Netherlands B.V.: Docket No.10-CR-460（07/07/10）。

②　参见 US v. Magyar Telekom, Plc.: Court Docket No.11-CR-597（12/29/11）。

③　US against Jeffrey Webb, et al., Indictment 15 CR 0252（RJD）（RML）, United States District Court, Eastern District of New York. Filed in Clerk's Office US District Court EDNY, 20 May 2015, Brooklyn Office, p.69.

④　参见 Bureau of Industry and Security, US Department of Commerce,"BIS Reaches Superseding Agreement with ZTE," April 15, 2018, https://efoia.bis.doc.gov/index.php/documents/export-violations/export-violations-2018/1181-e2556/file; Li Tao, "Meet the Legal Watchdog Who's Keeping ZTE in Line with US Export Control Laws," September 13, 2018, https://www.scmp.com/tech/enterprises/article/2163938/meet-legal-watchdog-whos-keeping-zte-line-us-export-control-laws。

染到参与洗钱的多种罪名，各类联邦行政执法机构利用这些罪名，对各国企业施以巨额罚款（参见图3-1）。

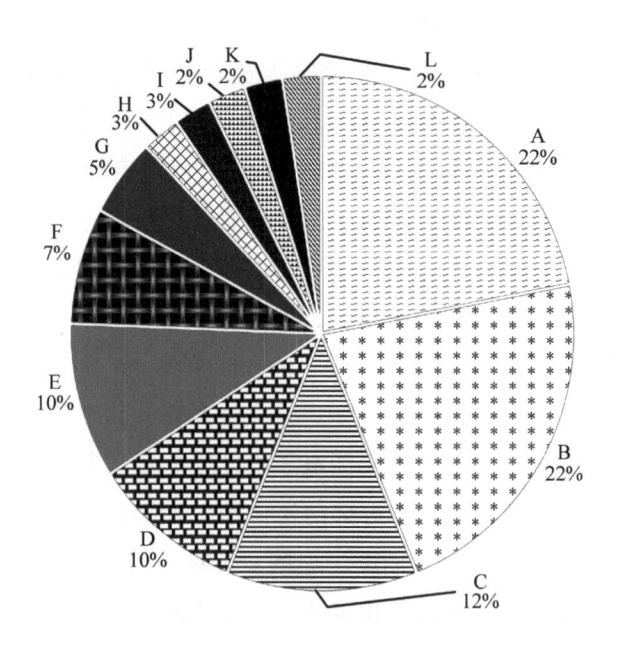

图3-1　被处巨额罚款外国企业所涉罪名情况（2007—2017年）

注：A 海外商业腐败；B 与受美国制裁国家开展业务（金融领域）；C 金融机构不当销售；D 操纵金融市场；E 执行反洗钱法规不力；F 涉嫌其他类型洗钱；G 操纵市场价格（非金融市场）；H 涉恐怖主义洗钱；I 涉跨国毒品犯罪洗钱；J 逃匿税款；K 与受美国制裁国家开展业务（非金融领域）；L 涉嫌掩盖与受美国制裁国家交易记录。

2007—2017年，有公开报道的被美国监管机构处以1亿美元及以上罚款的企业共计43家，涉及52个案件，其中外国企业28家，涉及35个案件。

资料来源：笔者根据尚微、蔡宁伟《美国巨额监管处罚的主体、对象、内容与趋势》，《西南金融》2018年第5期，第11—12页的资料整理制作。

第三，利用各种法律灰色地带的漏洞和外国企业、公民不了解美国法律制度的天然劣势，对其进行赤裸裸的恐吓、胁迫、诱供。譬如，美国国税局公然要求在美拥有业务的全球各国金融机构忽略母国法律的要求，向自己提供美国公民海外账户信

第三章 美国在国际经济领域的"长臂管辖":理论准备、具体实践与发展阶段

息,拒绝者将会受到加征利润税的惩罚。[1] 联邦检察官(即司法部所属职员)利用美国刑事案件多以"认罪协商"(Plea Bargain)结案的特点,对涉事外国企业或公民进行恐吓或引诱认罪,声称此举可以换得处罚减轻,实际上却往往使得他们落入陷阱。[2]

近期法国工业巨头阿尔斯通(Alstom)前高管弗雷德里克·皮耶鲁齐(Frédéric Pierucci)发表自传,谴责美国司法部仅依据一封电子邮件将其逮捕,在诱使自己主动认罪之后依然将其长时间扣押。皮耶鲁齐还声称自己在监禁中遭到了恶劣的待遇。[3]

一些研究也表明,美国司法部和证券交易委员会常常以"主动认罪换取罚金折扣"的方式威逼利诱企业主动认罪,但实际上最后却以"递延起诉协议"(Deferred Prosecution Agreement)或者故意拖延时间的方式对企业继续要挟,增加企业的法务成本,最终罚金数额依然极其庞大,甚至到了足以让企业破产的地步。[4]

> 中国商务部驻美国经商参处曾就美国联邦机构反垄断执法体系予以过研判,并有详细的情况介绍,本书进行了转引,可参见《附录》(丁),供广大读者了解美国联邦行政执法机构开展执法、调查、罚款、和解或移交起诉的一系列流程。

---

[1] Foreign Account Tax Compliance Act of 2010, Public Law 111-147, 111st Cong., 2d sess., March 18, 2010, § 1471.

[2] 参见 Robert A. Carp, et al., *Judicial Process in America*, Washington, D.C.: CQ Press, 2011, chap. 5; Anthony S. Barkow and Rachel E. Barkow, *Prosecutors in the Boardroom: Using Criminal Law to Regulate Corporate Conduct*, New York: New York University Press, 2011; US Justice Manual, § 9-16.325, 2008。

[3] 参见 Frédéric Pierucci avec Matthieu Aron, *Le Piège Américain*, Paris: Jean-Claude Lattès, 2019。

[4] 参见 Shearman and Sterling LLP, "FCPA Digest: Recent Trends and Patterns in the Enforcement of the Foreign Corrupt Practices Act", January 2019, p. 11, https://www.shearman.com/-/media/Files/Perspectives/2019/Shearman--Sterlings-Recent-Trends-and-Patterns-in-FCPA-010419.pdf?la=de-DE&hash=F845FB28F83E4CDB4133BB2B06822FF9595700C4。

特别需要注意的是，中国商务部驻美国经商参处这份调研报告中所提到的一系列美国联邦行政执法机构和法院，它们的执法对象、审判对象可能是全球任何一个国家的企业、个人，甚至还包括国际组织。只要美国联邦行政执法机构和法院认定这些非美国的企业、个人或国际组织与美国存在所谓的"一定程度的联系"，它就会宣称对其具有管辖权力，不会因为当事方是外国企业或个人就给予特殊待遇。

（四）美国在国际经济领域"长臂管辖"的特征

总的来看，美国联邦政府三大权力部门在国际经济领域的"长臂管辖"，本质上都是单边主义、霸权主义外交思想的典型体现，体现出美国外交思想传统中浓厚的"美国例外论"（American Exceptionalism）、"美国优先"（America First）的味道。①

周琪在《"美国例外论"与美国外交政策传统》中指出，"所谓例外，就是独特，就是与众不同。自《独立宣言》起草之日起，美国人就不断对自己的独特性作出评论，西方人，至少从托克维尔起，很早就倾向于把美国看作是人类社会的蓝图，带着热情或恐怖来看待这样的前景②……建立美利坚合众国的那些最初的殖民地反叛者认为，他们建造的国家注定与世

---

① 参见 Trevor McCrisken, *American Exceptionalism and the Legacy of Vietnam: US Foreign Policy since 1974*, London: Palgrave Macmillan, 2003; Kal J. Holsti, "Exceptionalism in American Foreign Policy: Is It Exceptional?", *European Journal of International Relations*, Vol. 17, No. 3, September 2010, pp. 381-404; President George W. Bush, "The National Security Strategy", September 2002, p. 3, https://georgewbush-whitehouse.archives.gov/nsc/nss/2002/; 黄仁伟:《美国例外论 VS 中国例外论》,《社会观察》2013 年第 4 期; 潘忠岐:《例外论与中美战略思维的差异性》,《美国研究》2017 年第 2 期; 潘亚玲:《美国崛起的社会心理演变——从榜样到救世主》,《国际展望》2019 年第 2 期。

② 周琪:《"美国例外论"与美国外交政策传统》,《中国社会科学》2000 年第 6 期。

第三章 美国在国际经济领域的"长臂管辖":理论准备、具体实践与发展阶段

界上的其他国家不同,而且会比它们更完美。这就是历史学家们在提到美国人的以救世主自居、使命感、理想主义或'美国例外论'的含义。'美国例外论'是因马克斯·勒纳(Max Lerner)而流行起来的"①。

王晓德在《"美国例外论"与美国文化全球扩张的根源》中提出,"'美国例外论'在美国白人文化中具有深刻的历史和宗教根源,这使美国白人在地球上具有一种特殊使命,即有义务或有责任'拯救'世界于水深火热之中,最终以美国独特的文化模式完成对全球的重塑,使处于异文化场景下的社会逐渐'趋同'于美国的发展模式。'美国例外论'在美国主流文化中根深蒂固,对美国人处理与外部世界的关系产生了很大的影响,在很大程度上成为美国文化向全球扩张的意识形态根源"②。

美国政府体系中,立法、司法、行政执法三大部门,由于各种职能权力的差异,施行"长臂管辖"的手段都有各自的特征。

(1)国会充分利用自己的成文立法权力,频繁立法,希望将整个国际经济领域变为美国法律体系治下的"殖民地",并且刻意将法条文本的定义与内涵模糊化、简单化,使得联邦法院与行政执法部门拥有巨大的随意发挥空间;

(2)美国联邦法院则充分利用美国三权分立政治制度中司法权力的所谓"独立性",随心所欲且无边界地进行法条阐释,以判例再造法律,将模棱两可的"长臂管辖"法律进一步细化,为行政执法部门提供带有强烈指引意味的调查方向指南;

(3)联邦行政执法部门则是美国政府在国际经济领域推行

---

① 周琪:《"美国例外论"与美国外交政策传统》,《中国社会科学》2000年第6期。

② 王晓德:《"美国例外论"与美国文化全球扩张的根源》,《世界经济与政治》2006年第7期。

"长臂管辖"的主力军,其扮演的是极不光彩的角色,滥用各种权力将"长臂管辖"法律打造成为一张真正细密的法网。

另一方面,三大权力机构"长臂管辖"又具有明显的共性。

其一,从根本上是为意识形态和国际政治斗争形势服务的,在不同的时期针对国际经济领域不同的细分领域展开行动,并且三者之间相互配合,相互协调;

其二,尽管美国政府在打击逃税、海外贿赂、证券欺诈等领域也会对美国本土企业和公民进行严厉查处,但从大量案件的查处规模和力度来看,美国的国际经济领域"长臂管辖"无疑主要是针对外国企业和公民的(也包括譬如国际足联这样的国际组织及国际公务员),相较于美国企业,外国企业所受到的惩处力度明显更高。譬如,从《海外反腐败法》诞生并被适用以来,被美国行政执法部门罚款金额最高的前10家企业,仅有两家为美国本土企业(参见表3-2)。

表3-2　　　因违反《海外反腐败法》被罚企业名录(罚金规模前10位)

罚金规模排名	企业名称	企业隶属国家或地区(以企业总部所在地为标准)	股票上市场所	被罚金额(亿美元)
1	Petroleo Brasileiro S. A.	巴西	美国纽约证券交易所	11.04113797
2	Mobile Telesystems Public Joint Stock Company	俄罗斯	美国纽约证券交易所	8.500004
3	Siemens Aktiengesellschaft	德国	美国纽约证券交易所	8.00002
4	Alstom S. A.	法国	美国证券交易所	7.722912
5	KBR,Inc.	美国	美国纽约证券交易所	5.79002

第三章 美国在国际经济领域的"长臂管辖":理论准备、具体实践与发展阶段 / 77

续表

罚金规模排名	企业名称	企业隶属国家或地区(以企业总部所在地为标准)	股票上市场所	被罚金额(亿美元)
6	Societe Generale S. A.	法国	法国巴黎证券交易所	5.67776884
7	Teva Pharmaceutical Industries Limited	以色列	美国纽约证券交易所	5.19279572
8	Telia Company AB	瑞典	美国纽约纳斯达克证券交易所	4.83104372
9	Och-Ziff Capital Management Group LLC	美国	美国纽约证券交易所	4.12100856
10	BAE Systems PLC	英国	美国粉单市场	4.000004

资料来源:Foreign Corrupt Practices Act Clearinghouse, Stanford Law School, "Largest U. S. Monetary Sanctions By Entity Group", http://fcpa.stanford.edu/statistics-top-ten.html, 2019.

其三,尽管美国声称依法依规实行管辖,但"长臂管辖"中的不透明嫌疑比比皆是,时常引起全球各国政府及舆论的强烈质疑。譬如,尽管英、法同为美国《反海外腐败法》执法同盟的成员,但法国总统府、国会,以及英国权威媒体长期怀疑美国炮制"阿里斯通—弗雷德里克·皮耶鲁齐"案的真正动机是为了打击法国工业巨头阿里斯通。因为在弗雷德里克·皮耶鲁齐被逮捕及长期关押的时期里,正是美国工业巨头通用电气(General Electric)对阿尔斯通旗下燃气轮机业务展开收购的关键时刻,而且阿尔斯通为了解决弗雷德里克·皮耶鲁齐行贿案的问题,向美国司法部支付了巨额的罚金,给公司造成了严重的财务困难。[①]

[①] "How the American Takeover of A French National Champion Became Intertwined in A Corruption Investigation", *The Economist*, January 17, 2019, https://www.economist.com/business/2019/01/17/how-the-american-takeover-of-a-french-national-champion-became-intertwined-in-a-corruption-investigation.

针对企业的巨额罚金究竟是依据何种规则计算并予以折扣,始终是"黑箱操作",完全没有透明度可言。① 除此之外,美国司法部和证券交易委员会所创立的诸多"长臂管辖"执法规则,一直存有违宪之疑,但从未得到最高法院和国会的质疑,令外界不得不疑虑三者之间的关系。②

(五)美国最高法院限制"长臂管辖"判例背后的国家利益取向

不过,也应该注意到,美国作为一个三权分立的国家,不同的权力机构对于"长臂管辖"能够施行到何种程度,的确也是存在不同看法的。国会、联邦行政部门或地方法院系统往往更倾向于激进与极端,而早些年的联邦最高法院则更倾向于持有审慎、缓和的态度。

譬如,有一些判例就体现了美国联邦最高法院大法官们的审慎原则,对"最低限度联系"在司法实践中的运用予以限制。1980年"世界大众汽车公司诉伍德森"案(World-Wide Volkswagen Corp. v. Woodson)、1987年"日本朝日金属工业诉加州最高法院"案(Asahi Metal Industry Company, Ltd. v. Superior Court of California)③ 都属于知名案例。

"世界大众汽车公司诉伍德森"一案大致案情如下:哈利·罗宾逊与凯·罗宾逊(Harry and Kay Robinson)原本是一对居住于纽约州内的夫妇,1976年两人在纽约州海路大众汽

---

① 在目前已有的联邦部分行政执法机构公布的执法手册(Manual)或指南(Resource Guide)中,没有任何一家机构公布了清晰透明的罚金计算标准。
② 参见 U. S. Department of Justice, Criminal Resource Manual § 9 – 1018 (2000)。
③ "日本朝日金属工业诉加州最高法院"案实际上属于一个比较复杂的衍生案件,其全名为 Asahi Metal Industry Company, Ltd. v. Superior Court of California, Solano County (Cheng Shin Rubber Industrial Company, Ltd. , Real Party in Interest)。

第三章　美国在国际经济领域的"长臂管辖"：理论准备、具体实践与发展阶段

车销售公司（Seaway Volkswagen）购买了一辆奥迪牌汽车。1977年，罗宾逊夫妇决定举家开车迁往位于亚利桑那州的新家，在44号州际公路俄克拉荷马州境内路段遭遇醉驾者追尾，事故导致奥迪车门卡死及油箱起火，最终造成凯·罗宾逊及两个孩子在车内严重烧伤。

由于肇事者没有任何保险及个人财产，因此罗宾逊夫妇放弃了对他的起诉，转而在俄克拉荷马州当地政府起诉与该奥迪车相关的机构，诉称车辆设计与制造存在缺陷，从而导致自己受伤，被起诉的法人包括汽车制造商奥迪公司（Audi）、进口商美国大众公司（Volkswagen of America）、区域销售商世界大众汽车公司（World-Wide Volkswagen Corp）及零售商纽约州海路大众汽车销售公司。

世界大众汽车公司与海路大众汽车销售公司在俄克拉荷马州地方法院进行特别出庭并提出对人管辖权异议，认为区域经销商的营业处设在纽约州，并且经营区域仅限于纽约州、新泽西州和康涅狄格州。作为零售商的海路大众汽车销售公司也辩称自己的办公地点、汽车展厅与营业区域均只位于纽约州内，均没有在俄克拉荷马州境内从事销售汽车或其他业务。与此同时，两家公司的律师还辩称罗宾逊夫妇尚未完成迁居至亚利桑那州的过程，因而依然属于纽约州居民。案件最初由俄克拉荷马州地方法院审理，最终上诉至联邦最高法院。

1980年，联邦最高法院裁定认同世界大众汽车公司与海路大众汽车销售公司的抗辩，即俄克拉荷马州地方法院对两家公司并不具有管辖权。主要理由如下：最低限度联系应当考虑到可预见性的问题。本案中，罗宾逊夫妇购买汽车时为纽约州居民，购买行为也发生在纽约州境内，开车途经俄克拉荷马州是一个非常偶然且孤立的事件，且由罗宾逊夫妇单方面开展，两家公司对此事故完全没有任何预见能力。除此偶然事件之外，

两家公司与俄克拉荷马州并无其他联系，而且两家公司也从未直接或间接地在俄克拉荷马州境内开展业务，因此它们同俄克拉荷马州的最低限度联系不能成立，俄克拉荷马州的法院不能对其行使对人管辖权。

该案的判决实际上是对"最低限度联系"原则的运用予以限制，避免各州司法机关对其予以滥用。①

"日本朝日金属工业诉加州最高法院"一案前后相关案情及最终判决如下：1978年9月23日，加州居民盖瑞·泽科尔（Gary Zurcher）驾驶自己的本田摩托车行驶于加州索拉诺郡（Solano County）一带的80号州际公路，摩托车突然失去控制与一辆拖车发生猛烈碰撞。事故使得泽科尔本人重伤，摩托车后座的妻子露丝·莫雷诺（Ruth Ann Moreno）则因重伤不治身亡。1979年9月，泽科尔向加州地方高级法院提起产品质量诉讼，声称车祸原因在于行驶过程中摩托车后轮突然漏气并爆胎，且事后经过检查，这辆本田摩托车的轮胎、内胎和密封剂都存在质量缺陷。

一众被告者中除了本田摩托车公司以外，还包括两家海外零配件供货商，一家是位于日本的朝日金属工业，另一家是位于中国台湾地区的晨星橡胶工业（Cheng Shin Rubber Industrial Co.）。朝日金属工业主要生产内胎阀门组合件，其客户之一就是晨星橡胶工业这样的轮胎制造商。朝日金属工业将内胎阀门组合件出售给晨星橡胶工业，后者制成内胎后再出售给像本田公司这样的车辆制造商，本田则再将车辆出售给全球客户。

尽管朝日金属工业与晨星橡胶工业同属遭到泽科尔起诉的被告方，但晨星橡胶工业却在加州当地法院向朝日金属工业发起第三方诉讼，要求朝日金属工业承担泽科尔案中可能的一切

---

① 参见 World-Wide Volkswagen Corp v. Woodson, 444 U.S. 286, 1980。

第三章 美国在国际经济领域的"长臂管辖":理论准备、具体实践与发展阶段

赔偿。最终,泽科尔诉多方公司(包括朝日金属工业、晨星橡胶工业)的质量缺陷赔偿案得到了妥善的和解解决与赔偿,唯独晨星橡胶工业诉朝日金属工业的案件悬而未决。

朝日金属工业向加州地方高级法院提出管辖权异议,认为自己作为一家日本公司,且只是上游零配件供应商,并未与美国加州产生足够联系,因而加州当地法院对自己行使管辖权违反了美国宪法第14条修正案中的正当程序条款。然而,加州地方高级法院驳回了这一管辖权异议抗辩。之后,加州上诉法院支持朝日金属工业的观点,命令加州地方高级法院放弃对该案的管辖权。然而,加州最高法院却又推翻了加州上诉法院的令状,认为加州法院系统对朝日金属工业具有管辖权[1]。因此,案件最终闹上联邦最高法院,成为朝日金属工业与加州最高法院之间的对峙,留待联邦最高大法官们裁决。

1986年11月5日,大法官们对该案进行了讨论,1987年2月24日判决加州最高法院败诉,判决书由桑德拉·戴·奥康纳(Sandra Day O'Connor)大法官主笔。联邦最高

---

[1] 美国的联邦—州政治体制决定了各州都存在两套法院系统。以加州为例,法院分为两个系统,一者为联邦法院系统,一者为加州州立法院系统。具体案件是在联邦法院系统起诉,还是在州立法院系统起诉,取决于具体案件类型。譬如跨州案件、与宪法相关的案件、破产案件等,均需向联邦法院派驻加州境内的各级法院起诉。与加州当地居民相关的一般刑事或民事案件,向州立法院起诉即可。加州州立法院系统分为三级,初级为审判庭(Trial Courts),又称作高等法院(Superior Courts),截至2018年,全加州共有58个郡,每个郡均有其隶属的高等法院,有些较大型的郡还拥有不止一座高等法院。中级人民法院被称为上诉法院(Courts of Appeal),针对一些具体类型的案件,当民众对高等法院的判决结果不满时,可以向上诉法院提出上诉,三位法官将同时审核案件,但他们的角色不在于给予新的审判,而是在审查是否有任何司法上的疏失造成之前的判决存在疏忽或错误。如果案件当事人对上诉法院的审查结果依然不服,则可以向加州最高法院(Supreme Court)起诉。加州最高法院是加州州立法院系统中的最高司法机关,它主要负责审查上诉法院所做的决定。不过,某些类型的案件,经高等法院审理后,当事人可以直接向加州最高法院上诉,不必经过上诉法院。如果当事人对加州最高法院的判决依然不服,则可以向位于首都的联邦最高法院起诉,联邦最高法院的判决结果对加州最高法院具有强制力,"日本朝日金属工业诉加州最高法院"一案就属于此种类型。笔者根据各方公开资料整理。

法院专门强调了对于"长臂管辖权"的使用应当审时度势且有所节制。

1. 对管辖权合理性的判断应当取决于一系列因素的检验结果，这意味着：法院必须考虑到被告的负担、法院所在州的利益、原告获得救济的权益、州际司法系统在争议快速解决中获得的利益，以及某些州在推动实施基础性和实质性的社会政策中所能分享到的利益。

2. 当一个法院决定将自己属人管辖的长臂伸出到国界以外时，由此可能给被告带来的需要在一个外国司法系统中进行辩护的特殊困难应当在法院衡量管辖权的合理性时被给予认真的考虑。

3. 1980年的"世界大众汽车公司诉伍德森案"还提示我们：必须去衡量除法院所在州以外的各州在争议快速解决及实体性法律政策加快实现中所具有的利益，具体到本案中来说，也就是要求我们去考察那些可能受到加州法院行使管辖权影响的其他州或国家的程序性及实体性法律政策，而在像本案这样涉及外国被告的案件中，我们更要采取逐案审查的方法来判断被告所在国的利益会受到何种影响。此时，其他国家的法律政策利益以及联邦政府的外交利益是否能得到良好的照顾将根本上取决于行使管辖权的合理性，即外国被告所承受的负担和原告与法院所在州的利益孰轻孰重。

4. 总之，在把美国的属人管辖权原则推广到国际性场合中实行的时候，法院必须采取慎之又慎的态度。考虑到本案中存在的国际化背景、被告所需承受的巨大负担以及原告和法院所在州可能获得的微弱利益，我们相信允许加州法院对朝日金属工业行使属人管辖权将是不合理且不公正的。由于本案的事实没有建立起最小联系，从而则不能保证对被告实施属人管辖权

第三章 美国在国际经济领域的"长臂管辖":理论准备、具体实践与发展阶段

不会违反公平公正和实质正义的法律理念。①

然而,应该注意到上述判例的强烈特殊性,这完全不意味着美国联邦最高法院就是对美国国会、行政部门肆意扩展、滥用"长臂管辖"权力的坚定反对者与有力制衡。

第一,这些曾经发生于20世纪80年代的著名判例,具有很强的个人色彩。众所周知,美国最高法院大法官实行终身任期制,9名最高大法官的意识形态偏好、个人政治经济观点都会体现在判决当中。

第二,总统与国会遴选最高大法官的过程,本身就是一场权力博弈,民主党与共和党都希望选择在政治观点上更贴近本党的候选人进入最高大法官的序列。因此指望联邦最高法院能够在制度层面长期有效地制衡美国国会、行政部门肆意扩展及滥用"长臂管辖"权力,是不现实的。因为没有制度能够确保持某种政治观点的人一定能够成为或者一定无法成为最高大法官,更没有制度能够确保最高大法官的政治观点不会发生变化。

第三,历史证明,即使是同一届美国联邦最高法院、同一批最高大法官们,对于"长臂管辖"类案件的态度也不是一以贯之的。每一件案件的最终判决都是审时度势、充分考量内政外交需求的结果。对最高大法官们而言,他们的政治底色是美国的最高大法官,需要守护的是美国的利益。恰如奥康纳大法官在"日本朝日金属工业诉加州最高法院"一案中所承认的那样,"美国境内的司法机构在声张管辖权时,需要考虑到美国联邦政府的外交利益"。最高大法官们无论是反对立法及行政部门滥用"长臂管辖权",还是对上述行为视而不见,都是基于对美国利益的考量。

---

① 参见 Asahi Metal Industry Co. v. Superior Court, 480 U. S. 102, 1987;李响:《美国民事诉讼法的制度、案例与材料》,中国政法大学出版社2006年版,第128—135页。

2010年以来,联邦最高法院在若干判例中重新严格规范了"属人原则",否定了"效果—行为复合标准"①。这些举动似乎有复兴司法保守主义、克制美国在全球施行司法霸权主义与帝国主义的倾向,但从根本上来看,还是难以做出乐观判断。如果因此认为美国的"长臂管辖"已经结束,毫无疑问是一种幼稚与天真的表现。

当前美国政治分裂态势明显,从国会到最高法院,高度政治化已经成为其治国理政的根本底色。最高法院的上述几桩判例都体现了鲜明的保守派与自由派大法官之间泾渭分明的政治斗争。在国会层面,以民主党为代表的自由派政治势力对最高法院保守派大法官的作为深感愤怒,并且已经开始反击。②

安东宁·格雷戈里·斯卡利亚(Antonin Gregory Scalia)大法官于2016年2月猝死于任上,安东尼·麦克莱德·肯尼迪(Anthony McLeod Kennedy)大法官于2018年7月31日主动退休。陆续接替的两位大法官在参议院均遭遇了来自党派冲突的最激烈挑战,尼尔·麦吉尔·戈萨奇(Neil McGill Gorsuch)以54票支持、45票反对,获得参议院确认提名;布雷特·迈克尔·卡瓦诺(Brett Michael Kavanaugh)在参议院以50票对48票获得委任。

---

① 这些案件包括2010年莫里森诉澳大利亚国民银行案(Morrison v. National Australia Bank)、2011年固特异轮胎公司诉布朗案(Goodyear Dunlop Tires Operations, S. A. v. Brown)和麦金太尔机械公司诉尼加斯托案(J. McIntyre Machinery, Ltd. v. Nicastro)。参见 Morrison v. National Australia Bank, 561 U.S. 247, 2010; Goodyear Dunlop Tires Operations, S. A. v. Brown, 564 U.S. 915, 2011; J. McIntyre Machinery, Ltd. v. Nicastro, 564 U.S. 873, 2011。

② 最高法院对莫里森诉澳大利亚国民银行案的判决结果公布后不足24小时,民主党所控制的国会通过了《多德—弗兰克华尔街改革和消费者保护法》,其中第929P(b)条有关联邦证券法反欺诈条款域外管辖权的相关内容仍然沿用了传统的"效果—行为复合标准"。尽管从严格的技术层面来看,最高法院对莫里森诉澳大利亚国民银行案的判例权威性要高于《多德—弗兰克华尔街改革和消费者保护法》的有关规定,但实际上这就是留下了模棱两可的漏洞,给未来进一步的政治博弈埋下了隐雷。参见杜涛《美国联邦法院司法管辖权的收缩及其启示》,《国际法研究》2014年第2期。

第三章 美国在国际经济领域的"长臂管辖":理论准备、具体实践与发展阶段 / 85

目前看来,围绕卡瓦诺性丑闻的政治斗争远未结束,国会民主党团对此继续保持不依不饶的进攻态势。在可预见的未来中,最高法院将难得安宁,也会继续深陷于国会的党派斗争之中。可以想象,最高法院的大法官们在未来的判决中,只能进一步打着所谓的"政治审慎"(Political Prudence)原则的旗号,以力保缓和美国社会的撕裂为主要目标。判决本身要服膺于国内政治斗争的需要,至于别国的利益,可能只是美国最高大法官们随时可以利用或者抛弃的"棋子"而已。

第三节 美国在国际经济领域"长臂管辖"的发展阶段

美国对国际经济领域的"长臂管辖"久已有之,归根结底是为了维护美国的霸权地位。"长臂管辖"的发展有着鲜明的时代特征,当其他主要资本主义经济大国威胁美国经济霸权的迹象越来越明显、亚太新兴经济体的经济崛起越来越迅速、美国在国际经济领域遭遇的挑战越来越多时,"长臂管辖"的范围领域就变得更为宽广,实施次数也迅速增加。这从侧面反映了美国这种"长臂管辖"的政治导向与工具性,其在很大程度上就是为美国对外政策服务的经济工具。

(一)冷战初期至20世纪70年代

这一时期美国在国际经济领域的"长臂管辖"主要针对西方世界盟国,目的是防止其对苏联等社会主义国家出口敏感技术及设备。为了确保包括军用、军民两用和民用在内的一切高科技产品与技术不会被冷战中的对手获得,美国国会、国务院、商务部设立了一系列的成文法与行政法令,包括《1949年出口控制法》、《武器出口管制法》(Arms Export Control Act)、《武器国际运输条例》(International Traffic in Arms Regulations）和《出口管理条例》（Export Administration Regulations）。这些法律或政令规定了包括罚款、制裁在内的各种"长臂管辖"措施。

然而，值得注意的是，由于冷战时期美国在西方世界占有领导者地位，在西方盟国中享有很高的威望，加之拥有共同的敌人，因而盟国违反上述"长臂管辖"法律或政令的现象很少出现。美国所主导的针对社会主义国家的经济封锁是比较成功的，因而美国缺乏实施"长臂管辖"的场景，上述法律政令只是起到了威慑的作用。直到1987年冷战即将结束时，日本东芝公司向苏联秘密出口机床事件被曝光，此事因严重威胁到了美国海军安全，所以产生了一定的轰动效应。[①]（此案详情请参见本书第5章第1节）

（二）20世纪70年代末至90年代末

这一时期，美国虽然开始在打击海外商业腐败领域推行"长臂管辖"，但实际上仍然处于"无所作为"的状态。20世纪30年代，美国国会曾先后颁布了《1933年证券法》（Securities Act of 1933）和《1934年证券交易法》（Securities Exchange Act of 1934），其中也有若干禁止贿赂的规定，但几乎不被注意。[②]

"水门事件"丑闻之后，越来越多的媒体开始关注美国政府和大企业的腐败问题。1977年，证券交易委员会的报告披露，超过400家美国公司承认在海外业务环节涉嫌腐败，向外国政府官员等个人和组织以各种名义变相行贿。这种现象引起了美国国内全社会

[①] Wende A. Wrubel, "Toshiba-Kongsberg Incident: Shortcomings of Cocom, and Recommendations for Increased Effectiveness of Export Controls to the East Bloc", Am. UJ Intl'l L. & Pol'y 4, 1989, pp. 241–273.

[②] 参见 Securities Act of 1933, Public Law 73–22, 73d Cong., 1st sess., May 27, 1933; Securities Exchange Act of 1934, Public Law 73–291, 73d Cong., 2d sess., June 6, 1934.

第三章　美国在国际经济领域的"长臂管辖"：理论准备、
　　　　具体实践与发展阶段　/　87

的强烈反感。①

在这种背景下，1977年《海外反腐败法》诞生，其中包含反贿赂和规范会计两大条款。实际上，《海外反腐败法》1977年的版本在"长臂管辖"的问题上表现出了一定的克制性，将管辖权问题限制在美国境内实施行贿行为的美国发行人、国内相关者和个人，对外国企业和个人的影响较小。②

然而，上述限制实际上是捆住了美国企业的手脚，使得其在海外经营时，即使遭遇他国竞争对手通过行贿抢夺业务也不敢采取类似的手段。③ 为了改变这种"严于律己，宽以待人"的现状，1988年修订《海外反腐败法》时，国会的"长臂管辖"意愿转而变得非常明显，将管辖权扩展到外国公司和个人，将管辖范围扩展到美国境外。④

但是，总体来看，1977年12月第一版《海外反腐败法》自颁行以来，就处于"沉默"状态，1978—1988年，证券交易委员会仅仅查处了6起相关案件。1988年修法之后，这一现象仍未得到改变，从1989年至2001年9·11事件爆发前，共查处了4起案件。联邦行政执法部门主动实施"长臂管辖"的意愿几乎为零。⑤

（三）9·11事件爆发后至2007年金融危机爆发前

这一时期，由于国家安全受到重大威胁，美国整个对外政策

---

① US Department of Justice, Proposed Legislative History International Anti-Bribery Act of 1998.

② Foreign Corrupt Practices Act of 1977, Public Law 95-213, 95th Cong., 1st sess., December 19, 1977.

③ 美国商务部曾表示《海外反腐败法》束缚了美国企业的行为，而放任其他国家企业继续施行商业腐败，从而造成美国企业在国际市场上损失惨重，参见 US Department of Justice, Proposed Legislative History International Anti-Bribery Act of 1998.

④ 卢建平、张旭辉编著：《美国反海外腐败法解读》，中国方正出版社2007年版，第8—11页。

⑤ US Securities and Exchange Commission, "SEC Enforcement Actions: FCPA Cases", https://www.sec.gov/spotlight/fcpa/fcpa-cases.shtml, May 13, 2019.

的重心转向打击全球恐怖主义,因而整个行政执法部门极为关注与恐怖主义有牵扯嫌疑的跨国金融活动。同时,由于朝核与伊核问题形势出现恶化,小布什政府提出"邪恶轴心论"(Axis of Evil),将朝鲜、伊朗核问题与国际恐怖主义问题捆绑,严防借助跨国金融渠道为恐怖主义洗钱或对其进行资助的行为。① 在这期间,跨国金融机构成为受美国"长臂管辖"打击最为严重的领域。其中汇丰银行(The Hongkong and Shanghai Banking Corporation,HSBC)和渣打银行(Standard Chartered)受到的制裁最具代表性。从 2005 年开始,美国行政执法部门发现这两家银行涉嫌与苏丹、伊朗等敏感国家存在长期而频繁的非法交易。美国政府通过多重手段施压,对其公司内部数据进行仔细审查,这项工作持续近十年,且反复追究责任。②

当然,尽管这一时期里美国"长臂管辖"的主要注意力集中于反恐怖主义和反洗钱领域,但它在海外反腐败、企业合规监管等领域的动作也并未停滞,且有略微增长的趋势。

9·11 事件爆发后至 2001 年年底,美国证券交易委员会共查处海外腐败、公司会计合规案件 4 起,2002—2007 年 4 月次贷金融危机正式爆发前,每年惩处的跨国企业从 1 至 8 家不等。③

另外,2001—2002 年,安然公司(Enron)丑闻系列案,成为美国对跨国企业实施"长臂管辖"的典型案例之一。尽管安然公司为美资公司,但美国最终除对安然公司高管施以严刑外,作为五大跨国会计师事务所之一的安达信(Arthur Andersen)也被美国法院判决有罪,并吊销执业会计执照,这直接促使安达信在全球解体。④

---

① President George W. Bush, "State of the Union Address," January 29, 2001, https://georgewbush-whitehouse.archives.gov/news/releases/2002/01/20020129-11.html.
② 王元元等:《美国反洗钱监管案例研究》,《西部金融》2018 年第 3 期。
③ US Securities and Exchange Commission, "SEC Enforcement Actions: FCPA Cases".
④ Ken Brown, et al., "Arthur Andersen's Fall From Grace Is a Sad Tale of Greed and Miscues", June 7, 2002, https://www.wsj.com/articles/SB1023409436545200.

与安然案有牵连的三名英国籍银行家也被美国法院以电信欺诈罪名起诉,并最终被引渡至美国境内受审判刑。[①]

(四) 2007 年国际金融危机爆发后至今

尽管这个时期的时间跨度并不长,但美国的"长臂管辖"从此开始,进入了一个疯狂爆发的时期,呈现出"主体全面参与、领域全面扩张、手段全面丰富、态度全面强硬"的极端态势,并且迄今为止没有显示出任何收敛的迹象。

具体来说,第一,国会制定或修改"长臂管辖"相关法律的行动出现又一波高潮,同时对联邦行政执法部门大肆下放准立法权;几乎所有的联邦行政执法部门都放弃了之前的"沉默"态度,转而推行激进的"长臂管辖"执法理念,制定了大批的行政规则并加以严格执行(参见表 3-3)。

表 3-3　美国实施"长臂管辖"主要行政执法机构名录

	下设各级机构
财政部	国税局(Internal Revenue Service, IRS)、货币监理署(Office of the Comptroller of the Currency, OCC)、海外资产控制办公室(Office of Foreign Assets Control, OFAC)、金融稳定监管委员会(Financial Stability Oversight Council, FSOC)、存款监理署(Office of Thrift Supervision, OTS)、恐怖主义及金融情报办公室(Office of Terrorism and Financial Intelligence, OTFI)、金融犯罪执法网络办公室(Financial Crimes Enforcement Network, Fin CEN)等
美联储系统	联邦储备理事会(Federal Reserve Board of Governors, FRBG)、12 个储备分行(Federal Reserve District Bank, FRDB)等
司法部	联邦调查局(Federal Bureau of Investigation, FBI)、毒品管制局(Drug Enforcement Administration, DEA)、反托拉斯局(Antitrust Division, ATR)、国家安全局(National Security Division, NSD)等

[①] Kate Murphy, "'NatWest 3' Sentenced to 37 Months Each", February 22, 2008, https://www.nytimes.com/2008/02/22/business/worldbusiness/22iht-natwest.5.10317714.html?_r=2.

续表

	下设各级机构
国务院	反金融威胁和制裁部（Counter Threat Finance and Sanctions, TSF）、经济制裁政策与实施办公室（Office of Economic Sanctions Policy and Implementation, SPI）等
商务部	产业与安全局（Bureau of Industry and Security, BIS）、出口执法办公室（Office of Export Enforcement, OEE）等
其他拥有各类"长臂管辖权"的联邦执法机构	证券交易委员会（Securities and Exchange Commission, SEC）、金融业监管局（Financial Industry Regulatory Authority, FINRA）、商品期货交易委员会（Commodity Futures Trading Commission, CFTC）、国土安全部（Department of Homeland Security, DHS）、能源部（Department of Energy, DOE）、环保署（Environmental Protection Agency, EAP）、全美环境质量委员会（Council on Environmental Quality, CEQ）、联邦能源监管委员会（Federal Energy Regulatory Commission, FERC）、贸易代表办公室（United States Trade Representative, USTR）、联邦贸易委员会（Federal Trade Commission, FTC）、国际贸易委员会（International Trade Commission, ITC）、消费者金融保护局（Consumer Financial Protection Bureau, CFPB）、国家信用社管理局（National Credit Union Administration, NCUA）等

资料来源：笔者搜集自制。

第二，"长臂管辖"所涉及的国际经济的具体领域及范围大为扩展，其中至少包含打击海外商业贿赂、涉毒品犯罪洗钱、涉恐怖主义洗钱、企业内部风险控制与会计制度违规、企业经营违规、违反制裁禁令、不正当竞争、海外偷逃漏税、金融欺诈、盗窃知识产权、污染环境等十余个领域，案件数量也因此出现了爆发式增长。譬如，司法部和证券交易委员会每年所查处的海外反腐败案件数量，从1978年的2件剧增到2018年的42件，2016年甚至创下了57件的历史最高纪录（参见表3-4）。

第三，所采取的手段呈现出多样化与复合化的趋势，譬如对违反制裁禁令的他国企业，往往采取"多管齐下"的"长臂管辖"措施：征收巨额罚款，切断关键物资出口，派驻管辖专员，拒绝一次性认罪结案，保留追查新问题及施加新惩罚的权力，强制要求签署合规承诺，同时对企业管理层发起刑事诉讼。①

表 3-4　　司法部与证券交易委员会海外反腐败案件数量（1978—2018 年）　　（单位：个）

	司法部处理案件数量	证券交易委员会处理案件数量
1978—2006 年合计	75	42
2007	22	21
2008	22	12
2009	34	13
2010	33	23
2011	14	16
2012	17	12
2013	20	9
2014	15	8
2015	14	11
2016	28	29
2017	29	8
2018	24	18

资料来源：Foreign Corrupt Practices Act Clearinghouse, Stanford Law School, "DOJ and SEC Enforcement Actions per Year", http：//fcpa.stanford.edu/statistics-analytics.html? tab = 1, 2019.

第四，态度强硬，对相应管辖措施往往采取顶格处罚的方式，譬如在司法部和证券交易委员会惩处的海外腐败案件中，超过 1 亿美元罚金的案件，全部来自 2007 年之后，并且呈现剧增态势。2007 年两家机构的罚金总额约为 1.5 亿美元，2016 年达到创新高的近 62 亿美元，而且从 2016 年开始，对外国企业的罚款额度开始

---

① 参见 Bureau of Industry and Security, US Department of Commerce, "BIS Reaches Superseding Agreement with ZTE", April 15, 2018, https：//efoia.bis.doc.gov/index.php/documents/export-violations/export-violations-2018/1181-e2556/file。

显著超过美国本土企业（参见表3-5）。

表3-5　司法部与证券交易委员会海外反腐败罚金数额情况（2016—2018年）

	美国企业平均受罚金额（亿美元）	全球企业平均受罚金额（亿美元）
2016年	0.94724652	2.23965132
2017年	0.88267729	1.82737069
2018年	1.37419815	2.59498429

资料来源：Foreign Corrupt Practices Act Clearinghouse, Stanford Law School, "Average Sanctions Imposed on Entity Groups per Year", http：//fcpa.stanford.edu/statistics-analytics.html? tab = 2, 2019.

有学者统计，2007—2017年，全球共有22家金融机构遭到美国联邦行政执法部门惩处，涉及案件31起，其中涉及外国金融机构的案件23起，占比超过74%。这些外国金融机构被罚金额超过393.1亿美元，占罚金总额的63.1%，平均每起案件支付罚金为17.1亿美元。① 由此可见，美国尽管声称"依法办事、一视同仁"，但实际上更倾向于对他国企业实行严苛的"长臂管辖"。

第五，与以往只针对欧美日澳等发达国家跨国企业实施的"长臂管辖"相比，新兴经济体也开始成为美国"长臂管辖"施害的对象，中国、俄罗斯、巴西等国的企业频繁出现在被惩处的名单之中。②

---

① 根据尚薇、蔡宁伟《美国巨额监管处罚的主体、对象、内容与趋势》，《西南金融》2018年第5期，第5—6页的数据计算得出。
② 在迄今为止由美国司法部或证券交易委员会开具的与打击海外腐败有关的罚单中，巴西和俄罗斯的两家企业分列罚金数额第一与第二位，分别超过11亿美元和8.5亿美元，美国商务部对中兴的罚金数额也创下纪录，2017年3月，美国商务部与中兴达成所谓"和解"，罚金为8.9亿美元，外加暂缓执行的3亿美元罚款，2018年6月第二次处罚金额为10亿美元，另需缴纳4亿美元保证金。参见 Bureau of Industry and Security, US Department of Commerce, "BIS Reaches Superseding Agreement with ZTE"; Foreign Corrupt Practices Act Clearinghouse, Stanford Law School, "Largest U.S. Monetary Sanctions By Entity Group".

第三章　美国在国际经济领域的"长臂管辖"：理论准备、具体实践与发展阶段

美国在国际经济领域突然爆发式地实行"长臂管辖"，其背后有着深刻的国内与国际原因。

第一，次贷金融危机给美国带去了沉痛的教训，使得美国权力部门发现其对经济部门的监管依然存在巨大漏洞，全面加强监管成为全国上下的一致共识。作为全球最大的经济体，美国的监管政策不可能只针对本土机构，"长臂管辖"实属其必然选择。

第二，金融危机沉重打击了美国整体经济，也打击了美国整体的战略信心，使得其对亚太地区新兴经济体的迅速发展充满戒备。通过"长臂管辖"实施制裁或高科技禁运，是美国打压其国际竞争对手的重要政策选择。

第三，综合实力的相对衰弱和陷入伊拉克、阿富汗战争的泥潭，使得美国发现通过军事打击等硬实力手段实现政策目标的成本巨大，因此在奥巴马政府"巧实力"思想的指导下，美国更倾向于利用国际经济领域的"长臂管辖"对国际目标实施精准打击。[1]

第四，中东、非洲等（Islamic State of Iraq and Syria, ISIS）地恐怖主义势力呈现坐大趋势，特别是"伊斯兰国"极端组织崛起及其所建立的完整的国际融资链条，极大地刺激了美国的国家安全神经，促使其将加强国际金融领域的"长臂管辖"作为强力打击恐怖主义的主要手段。[2]

第五，俄罗斯、伊朗、叙利亚、朝鲜、委内瑞拉等国与美国霸

---

[1] 有关美国对巧实力的研究成果可以参见 Suzanne Nossel, "Smart Power", *Foreign Affairs*, 83, 2004, p. 131; Richard Lee Armitage and Joseph S. Nye, "CSIS Commission on Smart Power: A Smarter, More Secure America", CSIS, 2007; Ernest J. Wilson III, "Hard Power, Soft Power, Smart Power", *The Annals of the American Academy of Political and Social Science* 616, No. 1, 2008, pp. 110 – 124; Joseph S. Nye Jr, "Get Smart: Combining Hard and Soft Power", *Foreign Affairs*, 2009, pp. 160 – 163; Christian Whiton, *Smart Power: Between Diplomacy and War*, Washington, D. C.: Potomac Books, 2013.

[2] US Department of The Treasury, "Treasury Designates Key Nodes of ISIS's Financial Network Stretching Across the Middle East, Europe, and East Africa", April 15, 2019, https: //home. treasury. gov/news/press-releases/sm657.

权的对撞烈度越来越高,促使美国思考采取更高强度的经济制裁措施,以实现其对外政策的目标。

第六,2017年特朗普上台后,其"美国优先"的意识形态具有更强的单边主义色彩,对外经济政策也更显得粗暴,这也是造成美国在国际经济领域"长臂管辖"疯狂爆发的一个短期性因素。

美国无视国际法与国际社会通行规则,以单边主义、霸权主义的思维在国际经济领域对外国公民、企业和其他机构滥用"长臂管辖"。该现象不是突然出现的,相反,它有着漫长的历史。这既与其对外政策中根深蒂固的"干涉主义""例外主义"思想传统有关,也与不同时期美国的利益关注变化有关。

第四章　美国在国际经济领域的"长臂管辖"：典型案例

第一节　日本：东芝机床出口案

1987年春季至1988年春季，日本国内发生了一起针对日本东芝集团（Toshiba Group）及其下属东芝机械公司（Toshiba Machine Company）的调查与判决案件。尽管该案件由日本东京警视厅（日本东京都下设的警察部门）侦办、东京地方法院审理，但督促日本方面展开行动的却是美国政府，后者对整个案件的办理过程予以了密切关注，日本政府也在"东芝机床出口案"的办理过程中承受了来自美国政府的巨大压力。"东芝机床出口案"的起因就在于日本东芝机械公司违反了美国所确立的出口管制原则，出于对多方面因素的考量，美国政府最终决定借由日本政府之手进行惩处，上演了一出引起整个西方世界高度关注的"垂帘听政"式的"长臂管辖"戏码。

第二次世界大战结束以后，美国与苏联成为全球仅有的两个超级大国，由于双方的意识形态、政治体制与经济社会形态大为迥异，双方很快走上相互对抗的道路。为了防范科技水平、特别是军事科技水平相对落后的苏联及其盟友窃取西方国家的军工高科技，1950年1月前后，由美国主导成立的输出管制统筹委员会（Coordinating Committee for Multilateral Export Controls，COCOM）开始正式运作。因其日常办公地设在巴黎，故而又被称为"巴黎统筹委员会"①。

至 1953 年，巴黎统筹委员会的成员国已经包括了美国、澳大利亚、比利时、联邦德国、加拿大、丹麦、法国、希腊、意大利、日本、卢森堡、荷兰、挪威、葡萄牙、西班牙、土耳其、英国，②几乎等同于北约组织的翻版，是一个名副其实的纯西方国家间、反社会主义、反华沙条约组织（Warsaw Pact）成员国的秘密国际组织。委员会实行不公开运作的模式，也没有签署正式的国家间合约，但囿于美国在西方世界的霸权地位，该组织其他所有成员国实际上不得不唯美国马首是瞻。

巴黎统筹委员会最重要的职责就在于防范各成员国国内的任何机构或个人向社会主义苏联及其盟国出口任何敏感技术、设备或人员。在美国的指导下，各成员国向巴黎统筹委员会派驻了永久代表，他们的职责在于：制定并更新禁运列表、实施出口管制、批准或否决特定豁免交易。③

在美国的严格管控之下，以精密机床为代表的高科技工业装备成为尤其敏感的工业产品。苏联极难获得相关设备及技术，因此其相关军工产品长期面临技术水平严重落后于北约的困窘局面。

1967 年年末，美国海军准尉及通信专家约翰·沃克（John Anthony Walker）叛变，成为苏联的秘密间谍，并向苏联提供了有关美国海军 SOSUS 水下监听系统强大性能的重要情报。④苏联政府从沃克那里了解到，苏联的潜艇部队在 SOSUS 水下监听系统面前几

---

① 参见 Michael Mastanduno, *Economic Containment: Cocom and the Politics of East-West Trade*, Ithaca, N. Y.: Cornell University Press, 1992.
② United States Office of Technology Assessment, *Technology and East-West Trade*, Washington: U. S. Govt. Print. Off., 1979, p. 153.
③ United States Office of Technology Assessment, *Technology and East-West Trade*, Washington: U. S. Govt. Print. Off., 1979, pp. 155 – 157.
④ 参见 John Barron, *Breaking the Ring: The Bizarre Case of the Walker Family Spy Ring*, Boston: Houghton Mifflin, 1987.

乎毫无隐蔽性可言，其原因就在于苏联落后的机床车工技术无法制造出高质量的潜水艇螺旋桨，而苏联自有技术所制造的潜水艇螺旋桨在水下发出的噪音极其巨大，使得北约各国海军可以准确定位到苏联潜艇的具体位置。苏联政府对此深感忧虑，开始竭尽全力寻求秘密引进西方先进技术，制造出更安静的潜水艇螺旋桨。①

1980年，苏联政府设立的专门对外贸易机构"全苏技术机械进口公司"（Tekmashimport）与一家小型日本贸易公司"和光"（Wako Koeki）的驻莫斯科办事处建立了联系。和光公司继而作为中介，介绍全苏技术机械进口公司与日本国内的东芝机械公司接洽。全苏技术机械进口公司给出了远高于市价的购买价格，迅速打动了东芝机械公司，② 东芝机械公司很快就同意向苏联方面提供其所需的高科技设备，即MBP-110型九轴五联动大型数控螺旋桨铣床。这是一种可以设计与加工高精度、高性能潜水艇螺旋桨的机密工业设备，毫无疑问在美国及巴黎统筹委员会的对苏禁运名单之中。

东芝集团是日本百年知名企业，也是日本最重要的高科技公司之一，因而日常便处于日本政府的严格监管之下。为了避免日本政府的怀疑，东芝机械公司决定藏身幕后，由日本最大的进出口贸易公司之一"伊藤忠商社"（C. Itoh & Company）充当自己的"白手

---

① Wende A. Wrubel, The Toshiba-Kongsberg Incident: Shortcomings of Cocom, and Recommendations for Increased Effectiveness of Export Controls to the East Bloc, *Am. UJ Intl'l L. & Pol'y*, Vol. 4, 1989, pp. 253－254.

② 事后经过学者们对解密档案的多方研究，大家普遍认为东芝机械公司之所以从事此次违规出口的唯一原因就是经济利益，并未发现其公司内部有任何人涉嫌为苏联间谍机构服务的迹象。由于20世纪80年代日美贸易争端问题开始激化，东芝机械公司对美国出口大型成套机床设备变得愈发困难，公司销售业绩不佳，全苏技术机械进口公司所给出的高价购买邀约，让东芝机械公司极为心动。有学者将其形象地描述为，"列宁的判断极为正确，'资本家是无比短视的，为了利润，连用来吊死他们的绞索，他们也会乐意卖给我们的'"。参见 Wende A. Wrubel, The Toshiba-Kongsberg Incident: Shortcomings of Cocom, and Recommendations for Increased Effectiveness of Export Controls to the East Bloc, *Am. UJ Intl'l L. & Pol'y*, Vol. 4, 1989, p. 241.

套",向苏联出口这批违禁螺旋桨铣床。除此之外,一家名为"康斯博格贸易"(Kongsberg Trade)的挪威公司同意向苏联出口配套计算机设备。这些设备将用来控制螺旋桨铣床的运转,同时也可用于运行潜水艇螺旋桨的设计与制造软件。①

1981年,全苏技术机械进口公司、和光交易公司、东芝机械公司、伊藤忠商社、康斯博格贸易公司各方先后签署了5份独立协议,约定将多台 MBP-110 型九轴五联动数控螺旋桨铣床和 NC-2000 型数控系统运往苏联。1984年,东芝机械公司又再度向苏联违禁输送了四台类似铣床。②

根据事发后的具体报道来看,这起由苏联、日本和挪威三国的五家机构或企业共同完成的偷运行动,堪称一部剧情绝佳的间谍电影。其主要进展过程如下。

苏联从叛变的美国间谍处了解到潜水艇螺旋桨难题之后,矢志于引进高科技机床以解决这一问题。克格勃(苏联国家安全委员会简称)特工打着全苏技术机械进口公司等苏联外贸机构的名义,四处寻找可能的西方公司卖家,日本和光贸易公司很快就进入了克格勃特工的视线之中。

和光贸易公司的身份同样非常神秘,其创办人可能在日本对外侵略战争期间与苏联等国有过一定往来,因而和光贸易公司的主要客户都是苏联等社会主义国家,也因此它在莫斯科设有专门的代表处办公室。负责人为熊谷独(一说其原名为熊谷一男,东芝案事发后潜匿于德国并改名为熊谷独)。

---

① Wende A. Wrubel, The Toshiba-Kongsberg Incident: Shortcomings of Cocom, and Recommendations for Increased Effectiveness of Export Controls to the East Bloc, *Am. UJ Intl'l L. & Pol'y*, Vol. 4, 1989, p. 254.

② Wende A. Wrubel, The Toshiba-Kongsberg Incident: Shortcomings of Cocom, and Recommendations for Increased Effectiveness of Export Controls to the East Bloc, *Am. UJ Intl'l L. & Pol'y*, Vol. 4, 1989, pp. 255-256.

第四章　美国在国际经济领域的"长臂管辖"：典型案例　/　99

1979年，以全苏技术机械进口公司副总经理身份行事的克格勃资深特工奥西勃夫很快与熊谷独熟识，之后两人便敲定了向苏联出口高科技机床的总目标。成为掮客的熊谷独很快在日本国内与东芝机械公司取得联系，并代表全苏技术机械进口公司提出希望购买4台东芝机械公司制造的MBP-110型九轴五联动数控螺旋桨铣床的意愿，报价约为35亿日元。这笔天价邀约令东芝机械公司难以拒绝，因为它大致是东芝机械公司正常出口该产品报价的3倍，是日本国内正常售价的10倍。为利益所驱动的东芝公司摩拳擦掌，决心务必达成这笔交易，甚至还成立了专门的负责办公室。

与此同时，挪威的康斯博格贸易公司也开始积极活动，加入这一间谍大戏中。康斯博格贸易公司隶属于"康斯博格军火公司"，这是一家挪威国有大型军火公司。由于挪威与苏联在历史上存有千丝万缕的关系，所以康斯博格贸易公司实际上也是挪威对苏联开展贸易往来的窗口，时常在禁运令边缘的灰色地带行动。更重要的是，在历史上，东芝机械公司与康斯博格贸易公司就曾联手向苏联出口过其他违禁品。

在奥西勃夫、熊谷独等资深专业人士的策划下，东芝机械公司将全日本最大的贸易公司之一——伊藤忠商社也拉入了共同行动圈之中。其主要目的就是利用伊藤忠商社在日本政界，特别是通商产业省所拥有的强大影响力，为顺利瞒过通商产业省监管、获取出口许可证铺平道路。

为了确保行动顺利，以东芝机械公司为行动核心的五家公司及各位克格勃特工、掮客、企业代表采取了多种瞒天过海的手段。第一，东芝机械公司躲在幕后，由伊藤忠商社出面向通商产业省申请出口许可证；第二，在申请书中伪造出口产品种类，所填的均为2轴机床或竖式机床；第三，东芝机械公司、伊藤忠商社与康斯博格贸易公司故意在日本与挪威之间炮制各类进出口交易，其目的就在于利用日本政府对巴黎统筹委员会成员国内部之间的敏感物资交易审查松懈的管理漏洞，故意扰乱视线；第四，将大型机床设备提前拆为数十类零件，分批分箱出口，并行贿日本海关工作人员，使其不检查或象征性检查；第五，东芝机械公司派遣本国技术人员赶往苏联列宁格勒波罗的海造船厂，一方面将拆开的零件复原安装，另一方面对苏联的技术人员进行培训。

全苏技术机械进口公司、和光贸易公司、东芝机械公司、伊藤忠商社、康斯博格贸易公司在此次联合偷运行动中的最终成果包括：苏联获得了 4 台东芝机械公司制造的 MBP-110 型九轴五联动数控螺旋桨铣床；4 台挪威康斯博格军火公司制造的 NC-2000 型数控系统（NC-2000 型数控系统可以将 MBP-110 型九轴五联动数控螺旋桨铣床的性能提升至 12 轴）；若干台东芝机械公司生产的提高机床性能的研磨机以及控制研磨机的计算机软件；完整的机器组装与操作培训以及售后维护维修服务。①

然而，1985 年 12 月，熊谷独出于某些原因，向巴黎统筹委员会举报了这一秘密行为，② 该举报立刻引起了美国的重视。与此同时，获得了先进螺旋桨制造技术的苏联海军潜艇部队隐蔽能力大为增强，引起了美国军方和政府的高度怀疑。③ 美国国防部、美国驻日本大使馆及相关情报部门迅速行动起来，对有关疑点展开了细致的调查，最终在 1987 年巴黎统筹委员会的年会上拿出了确凿的证据。此事随即被媒体曝光，引得西方世界一片哗然。

---

① 笔者综合各方资料汇总整理。
② 日本第 109 回国会商工委员会昭和六十二年九月三日会议记录，http://kokkai.ndl.go.jp/SENTAKU/sangiin/109/1260/10909031260004a.html。
③ 魏全平：《日本向苏联出口数控机床引起的风波》，《国际展望》1987 年第 13 期。

美国国务院又于1987年3月指示驻日大使向日本政府专门出示证据，日本政府因此感受到了巨大的压力。① 1987年4月底，日本政府相关部门迅速行动起来，东京警视厅首先搜查了东芝机械公司的东京办公室，起获了大批对苏联出口的相关文件。5月以后，东芝机械公司的总裁及另外两名高层辞职，警视厅还逮捕了东芝机械公司的两名中层管理人员。东芝机械公司及相关员工以违反"日本外汇与外贸管制法"（Foreign Exchange and Foreign Trade Control Law of Japan）的罪名被移交东京地方法院。通商产业省宣布对东芝机械公司实施一年内禁止向苏联及其盟国出口任何产品的惩罚措施，伊藤忠商社则获罚3个月不得向苏联及其盟国出口任何机械产品。②

在日美外交层面，日本时任首相中曾根康弘（Yasuhiro Nakasone）以及外务省外相、通商产业省通产相都曾专门向美国致歉。东芝集团除了让两名高层迅速引咎辞职以外，还立刻花费巨资前往美国，利用美国本地媒体、游说公司、与东芝有业务往来的美国企业在国会山展开强势公关。

然而，日本的做法并没有令美国息怒，美国国会两党坚持要对整个东芝集团进行严厉惩罚，国会议员们在参议院与众议院相继提出了多个严厉制裁的法案版本。1987年6月，众议院通过了初步制裁法案，犹他州参议员杰克·盖恩（Jake Garn）又进一步提出修正案，要求美国对任何向华约国家出口重要军事技术的外国企业完全关闭本国市场。③ 这一提议一旦落实，将是巴黎统筹委员会成立以来美国对违反禁运协议的企业所施加的最重惩罚。1989年6月

---

① 崔丕：《冷战转型期的美日关系——对东芝事件的历史考察》，《世界历史》2010年第6期。

② Wende A. Wrubel, The Toshiba-Kongsberg Incident: Shortcomings of Cocom, and Recommendations for Increased Effectiveness of Export Controls to the East Bloc, Am. UJ Int'l L. & Pol'y, Vol. 4, 1989, p.259.

③ 133 CONG. REC. S8998, June 30, 1987.

30 日,3 名共和党议员还组织了一次特殊行动,在国会山前以铁锤亲手击碎了东芝产的 RT－6016 型收音机,来表达对东芝集团的强烈不满,这引起了全美的广泛关注。①

可是,让外界深感意外的是,美国里根政府最终拒绝了重罚日本的提议,东芝机械公司和东芝集团都获得了更轻的制裁。然而,这绝非是美国政府对日本政府以及东芝集团无缘无故的"仁慈",在这背后,日本整个国家付出了巨大的代价,国家关键利益受到了严重的损害。

1987 年起,美国借东芝机床出口案连续多次对日本电子产品等高科技产业进行调查,美国国防部取消了原定采购巨额东芝电子产品的计划。更重要的是,美国最终于 1987 年下半年至 1988 年上半年逼迫日本达成多个协议,向美国开放输出本国防务科技的渠道,同时放弃了自主研发新型战机的原定计划,转而同意由日本主要出资,与美国共同开发新型战机和潜艇,并且承诺在研发的过程中向美国无保留地分享技术。②

美日在贸易、电子科技领域的争端由来已久,20 世纪 80 年代开始进入了一个高潮期。在第一阶段,美国强迫日本同意向美国减少钢铁、汽车、纺织、精密机床等产品的出口,此举使得东芝机械公司这样的企业开始面临严峻的挑战。也正因为此,苏联提出的高价购买高科技大型机床的邀约让东芝机械公司深感难以拒绝。

在此之后,美日双方在电子科技领域的冲突开始激化。由

---

① Matt Novak,"That Time US Republicans Smashed A Boombox With Sledgehammers On Capitol Hill",May 10, 2016, https://www.gizmodo.com.au/2016/05/that-time-us-republicans-smashed-a-boombox-with-sledgehammers-on-capitol-hill/.

② 崔丕:《冷战转型期的美日关系——对东芝事件的历史考察》,《世界历史》2010 年第 6 期。

第四章　美国在国际经济领域的"长臂管辖"：典型案例　/　103

于日本在半导体领域已经开始超越美国，并且在产品质量及价格上具有更大的优势，美国半导体产业开始面临巨大压力。美国不断指责日本在半导体领域实行倾销及不公平竞争，双方虽然经过多轮谈判，但核心争端一直未能解决。①

除此之外，20世纪80年代前半期，日美军事技术转让及FSX战机的开发问题成为了两国关系中的主要障碍。简而言之，从20世纪70年代末期开始，美国就觊觎日本在雷达等领域的先进军事技术，但日本方面始终不肯答应美国签署全面共享技术协议的要求；另外，日本希望独立完成新型FSX战机的开发工作，拒绝与美国合作。这两方面的拒绝让美国深感恼火。

东芝机床出口案为美国提供了在政治和外交上对日本大加指责施压的良机。日本政府先是采取了断然否认指控的策略，然而在经过多轮内部讨论后，深感无力抗拒里根政府与美国参众两院制裁日本的强大压力，中曾根政府最终于1987年4月决定转变立场。

日本方面最终做出的重大妥协包括，一，参与美国的战略合作计划，全面放宽日本对美国出口关键性军事技术的限制；二，同意提高对社会主义国家敏感技术出口的管制水平，并承诺加强监管，改革出口限制法律；三，放弃独立开发FSX战机，改为日本主要出资，与美国公司联合开发，同时，日本开发出的新技术必须全部地、以免费或商业出售的形式与美国分

---

① 这方面的总结性研究成果可参见马文秀、裴桂芬《日本的全套型产业结构与日美贸易摩擦》，《日本学刊》2008年第2期；李彤云：《霸权衰落：美国20世纪80年代的对日管理贸易——贸易保护和自由贸易的大辩论》，《兰州学刊》2009年第5期；尹小平、崔岩：《日美半导体产业竞争中的国家干预——以战略性贸易政策为视角的分析》，《现代日本经济》2010年第1期；戴龙：《日本应对国际贸易摩擦的经验和教训及其对中国的启示》，《当代亚太》2011年第4期；张一品：《里根时期的美日贸易摩擦研究》，辽宁大学，硕士学位论文，2013年。

享，美国迫切希望得到的技术包括战机隐形涂料技术、计算机防御系统、钛合金一次性成型技术等。①

从此事之后的深入分析来看，20世纪80年代开始，特别是戈尔巴乔夫上台以后，东西方关系开始缓和，巴黎统筹委员会各成员国，甚至包括美国自己，向苏联等社会主义国家暗地出口敏感技术或装备的事情时有发生，但巴黎统筹委员会从未设立严格的制度去防范成员国的违规行为。②

美国之所以在1987年对东芝机床出口案大加关注、对日本政府大加挞伐，其根本原因在于美国国内政界、经济界对日本在电子行业正全面赶超美国的状况深感不满，希望借题发挥，全力压制日本的电子科技发展势头，同时攫取日本在某些高科技领域的独特优势成果，确保美国的优势地位。

对于日本来说，作为美国的政治与军事庇护对象，日本从根本上并无足够的能力与底气去对抗美国的借题发挥，因而只能以屈辱的姿态主动贯彻美国"长臂管辖"的意志，并且最终将本国的一些核心科技拱手让与美国。③

美国在东芝机床出口案中充分展示了自己高高在上的霸主地位，以一种"垂帘听政"的高明手段实现了此次"长臂管辖"的多重目标：进一步遏制了苏联及其盟国的工业技术发展；打击了日本正在蓬勃发展的电子高科技产业，维护了自己在高科技领域的领

---

① 这方面的总结性研究成果可参见何英莺《论战后日美军事同盟中的摩擦关系》，复旦大学，博士学位论文，2003年；李淑芬：《中曾根内阁时期的日美军事关系》，东北师范大学，硕士学位论文，2009年；于洪洋：《冷战时期日本安全政策的历史演变》，吉林大学，博士学位论文，2017年。

② 崔丕：《冷战转型期的美日关系——对东芝事件的历史考察》，《世界历史》2010年第6期。

③ 参见崔丕《冷战转型期的美日关系——对东芝事件的历史考察》，《世界历史》2010年第6期；侯文富：《"东芝事件"及其影响刍议》，《日本学刊》2000年第1期。

先优势；恐吓了西方世界的其他盟国，强化了自己的霸主权威。

第二节 法国：阿尔斯通高管行贿案

2019 年，法国工业巨头阿尔斯通（Alstom）前高层管理者——锅炉生产线副总裁（Vice President of Boiler Product Line）弗雷德里克·皮耶鲁齐的著作《美国陷阱：我要揭露美国向世界其他国家发动的秘密经济战争》（法语原名：Le Piège Américain：L'otage De La Plus Grande Entreprise De Destabilisation Economique Temoin）迅速在法国及世界各地走红。皮耶鲁齐在书中发出严正警告，"本书讲述了一个地下经济战的故事。十几年来，美国在反腐败的伪装下，成功地瓦解了欧洲的许多大型跨国公司，特别是法国的跨国公司。美国司法部追诉这些跨国公司的高管，甚至会把他们送进监狱，强迫他们认罪，从而迫使他们的公司向美国支付巨额罚款"[1]。

《美国陷阱》一书出版以后，有一些人批评皮耶鲁齐的观点存在"阴谋论"的嫌疑，也有人认为他由于遭到了美国行政执法部门和阿尔斯通的恶劣待遇，因而在著述中带有非理性的感情色彩。这些批评确有其合理之处，但应该注意到，皮耶鲁齐的自述式著作最大的贡献不在于作者个人的最终判断，而在于他以亲身经历提供了第一视角的翔实材料。再结合其他各方信源所披露的信息，我们便可以发现，美国行政执法部门在实施"长臂管辖"的过程中，拥有超乎想象的权力，并采取了非同寻常的手段，而其中有相当一部分是存在严重争议的。

与皮耶鲁齐被捕直接有关的案件是印度尼西亚塔拉罕（Tarahan）发电站项目行贿案，由于皮耶鲁齐对此案的细节与内容已经供

---

[1] ［法］弗雷德里克·皮耶鲁齐、马修·阿伦：《美国陷阱》，法意译，中信出版集团 2019 年版，第 1 页。

认不讳，因此外界有足够理由相信它的真实性。

　　2002年年初，印度尼西亚政府面向全球招标，计划在苏门答腊岛塔拉罕地区新建一座发电站。阿尔斯通作为历史悠久的全球性发电机组制造企业，当时正面临严重的财务危机与破产风险。因而，位于法国巴黎的公司总部高度重视这一项目，要求能源部门（Alstom Power）与锅炉部门（Boiler Division）务必拿下这笔订单，以提振阿尔斯通在全球市场的威望。①

　　彼时，阿尔斯通能源部门的总办公室设于美国康涅狄格州的温莎（Windor, Connecticut），锅炉部门的总负责人与销售业务负责人也在该地与能源部门合署办公。皮耶鲁齐当时就是锅炉部门销售业务的负责人，他负责监督阿尔斯通能源部门在全球范围内向新老客户出售锅炉与后期维护的业务。②

　　为了确保阿尔斯通在塔拉罕发电站项目的投标能够成功，阿尔斯通能源部门总办公室的多位管理人员与阿尔斯通印尼公司的人员合作，开始寻求行贿当地官员以拿到合同。尽管皮耶鲁齐作为美国总办公室更高层的管理人员无须亲自参与这种事情，但相关的汇报与指示邮件及电话却出现在皮耶鲁齐与相关办事人员之间。阿尔斯通的工作人员找到了两位在印度尼西亚当地的掮客（他们被冠以"业务顾问"的头衔），并通过向他们支付项目总金额的3%，与印度尼西亚政府有关官员建立了联系。最终，阿尔斯通成功于2004年6月与招标方印度尼西亚国家电力公司签订了两台100兆瓦发电锅炉的合同。③

　　皮耶鲁齐承认，在他职业生涯的绝大多数时间里，他目睹着包

---

　　① [法]弗雷德里克·皮耶鲁齐、马修·阿伦：《美国陷阱》，法意译，中信出版集团2019年版，第10页。
　　② US v. Alstom Power, Inc., Case 3：14-cr-00248-JBA Document 4 Filed 12/22/14, p.17.
　　③ US v. Alstom Power, Inc., Case 3：14-cr-00248-JBA Document 4 Filed 12/22/14, pp.15-19；[法]弗雷德里克·皮耶鲁齐、马修·阿伦：《美国陷阱》，第77—83页。

括美国与法国在内的所有西方国家的跨国公司无一例外地都把通过贿赂获取商业合同的手段视为理所当然。虽然法国政府于 2000 年 9 月正式批准并签署了经合组织海外反腐败协议,[1] 然而并没有哪家法国公司将其视为真正的禁令。更让皮耶鲁齐深感讽刺的是,阿尔斯通为了配合法国政府的大政方针,也曾组织包括皮耶鲁齐在内的高层管理人员进行"反腐败"培训,然而这些培训的本质却是教导高层管理人员如何规避类似风险,以免被政府发现。[2]

阿尔斯通之所以未曾对美国可能的"长臂管辖"保持警惕,根源之一就在于过往的经验告诉他们,1977 年美国第一个颁布了《海外反腐败法》,但数十年过去了,哪怕是美国的公司也从来没有重视过它。阿尔斯通在塔拉罕发电站项目中最主要的竞争对手就是美国公司,而对方采取了同样的行贿策略,甚至一度使阿尔斯通差点失去了这份合同。[3]

皮耶鲁齐于美国东部时间 2013 年 4 月 14 日晚上在纽约肯尼迪机场被捕。当时他持有唯一的法国护照(皮耶鲁齐在温莎工作时曾申请获得了美国永久居民身份证件,但 2012 年主动向美国移民管理部门退回了证件),正在隶属于中国香港的国泰航空的飞机上,等待从肯尼迪机场转机前往南美。在完全不知情的情况下,皮耶鲁齐被国泰航空的机组服务人员召唤到了飞机门口,继而被早已等候在那里的美国司法部下属联邦调查局的探员逮捕,由此开始了他的牢狱之灾。[4]

---

[1] 事实上,法国政府的这一举动恰好满足了美国推动国内立法国际化的目的,正是在美国的大力敦促之下,1997 年 12 月,经合组织 33 个成员国政府在巴黎签署了《打击行贿外国公职人员公约》,缔约国承诺将会完全批准此公约,并将公约内容转化为国内立法。

[2] [法] 弗雷德里克·皮耶鲁齐、马修·阿伦:《美国陷阱》,第 38—41 页。

[3] [法] 弗雷德里克·皮耶鲁齐、马修·阿伦:《美国陷阱》,第 81—82 页。

[4] BBC, "Jailed French executive who felt force of US bribery law", https://www.bbc.com/news/world-europe-47765974, April 24, 2019.

美国司法部以涉嫌行贿罪与洗钱罪名将皮耶鲁齐投入关押严重暴力犯罪嫌疑犯的看守所中，继而向位于康涅狄格州纽黑文市（New Heaven）的康涅狄格地区联邦法院（United States District Court for the District of Connecticut）对其发起诉讼。① 在经过极为罕见的长达14个月的羁押之后，康涅狄格地区联邦法院终于在2014年6月同意了皮耶鲁齐的保释申请，继而又于9月份同意他以保释犯的身份回到法国，等候2014年10月回美国接受最终审判，而代价则是巨额的保释金以及皮耶鲁齐美国籍朋友的担保。

然而让所有人感到不可思议的是，康涅狄格地区联邦法院却拖延了皮耶鲁齐的正式审判，并且主动提出延后。2014年12月，美国司法部召开了新闻发布会，宣布彻底查明了阿尔斯通实施海外腐败的行为，并且表示阿尔斯通已经认罪，且以缴纳巨额罚金的方式与美国司法部达成了谅解。②

在此之后，皮耶鲁齐的审判安排却被一再拖延，以至于皮耶鲁齐本人曾多次再度赴美询问审判安排日程，都没有收到确认消息。直到2017年9月，皮耶鲁齐被召回美国，被康涅狄格地区联邦法院判处30个月有期徒刑，并被发往联邦监狱服刑。③ 2018年9月，美国批准将皮耶鲁齐引渡回法国继续服刑。皮耶鲁齐在回到法国后，得到了法国监狱管理部门的假释批准。此时距离他在肯尼迪机场被捕已经过去了整整五年半的时间。

从最纯粹的技术角度来说，在阿尔斯通与皮耶鲁齐受罚案当中，美国司法部及联邦法院确实拥有充足的理由为自己的"长臂管辖"作出辩护：其一，塔拉罕发电站项目的行贿时间发生于2002

---

① U. S. v. Frederic Pierucci：Docket No. 12 – CR – 238 – JBA (04/16/2013) .

② Office of Public Affairs, Department of Justice, "Alstom Pleads Guilty and Agrees to Pay \$772 Million Criminal Penalty to Resolve Foreign Bribery Charges", https://www.justice.gov/opa/pr/alstom-pleads-guilty-and-agrees-pay-772-million-criminal-penalty-resolve-foreign-bribery, December 22, 2014.

③ United States v. Pierucci 3：12-cr-00238, D. Conn, 2016.

年以后，距离法国正式加入并批准反海外腐败协议已经过去了两年时间；其二，行贿罪行发生时，阿尔斯通电力部门的总办公室设立于美国境内康涅狄格州，属于受美国管辖的法律主体；其三，皮耶鲁齐确实知晓并且直接指导了这桩腐败罪行。

然而，在这一过程中，无论是皮耶鲁齐本人，还是西方世界的政客、学者、企业和媒体，都对美国司法部和联邦法院提出了极其严厉且有据可凭的质疑，这些质疑涵盖了美国政府这次"长臂管辖"行动的方方面面。可惜，美国政府注定不会回应这些质疑，而种种得不到真正答案的疑问，只能让外界高度怀疑美国"长臂管辖"他国公司海外行贿的根本目的是增进本国利益、打压他国利益。

第一，若在考察阿尔斯通及皮耶鲁齐被查案的整体进展及关键节点时，同时考察美国企业通用电气（General Electric）收购阿尔斯通能源部门的谈判过程，我们会发现各种令人无法忽略且深感不安的重叠与巧合。2013年4月，皮耶鲁齐在纽约被捕，到2013年7月，皮耶鲁齐选择认罪。在此之后不久，阿尔斯通与通用电气宣布开始就出售能源部门展开谈判。

直到2014年4月24日阿尔斯通与通用电气达成交易的前一天，美国司法部仍在不停地抓捕阿尔斯通的高层管理人员，除去皮耶鲁齐外，还有另外三人相继被捕。其中，阿尔斯通亚太区副总裁竟然被捕于2014年4月23日，也就是出售交易达成的前一天。另外，皮耶鲁齐的保释申请始终得不到康涅狄格地区联邦法院的批准，他被长期羁押于看守所之中，时间已经超过一年。

然而，让人深感诡异的是，2014年4月24日之后，美国司法部再也没有抓捕过任何阿尔斯通的高层管理人员。除此之外，皮耶鲁齐本人所承受的法律压力也明显减轻，2014年6月他获得保释，2014年9月康涅狄格地区联邦法院又批准他可以暂时回到法国。

另外，2014年12月19日，阿尔斯通召开股东大会，绝大多数股东批准出售阿尔斯通。随即，阿尔斯通的律师签署文件承认美国司法部的指控，阿尔斯通同意以 7.72 亿美元的罚款和解本案。美国司法部的和解文件中直接提到，通用电气承诺将会在完成收购之后对阿尔斯通能源部门实施合规与风险内控措施，这意味着通用电气的法务部门直接参与了阿尔斯通与美国司法部的和解谈判。①

第二，美国司法部针对皮耶鲁齐及其他阿尔斯通高层管理人员的逮捕行动，对阿尔斯通产生了明显的威胁与恐吓。在皮耶鲁齐的回忆中，他案件的直接负责人，康涅狄格州的联邦检察官（即美国司法部官员）大卫·诺维克（David E. Novick）曾毫不掩饰地告诉他，美国司法部早就向阿尔斯通发出警告，但阿尔斯通拒绝了漫天要价的所谓"和解协议"，被激怒的美国司法部决定采取强硬行动来迫使阿尔斯通认清现实。②

第三，美国司法部为获取情报，采取了诱供、胁迫等多种手段。皮耶鲁齐在被捕后第一次见到诺维克时，就被非常明确地告知应当选择放弃联系阿尔斯通的法务部门，转而为美国司法部秘密服务，搜集更高层管理人员的罪证。拒绝了这一合作要求的皮耶鲁齐在后来了解到，自己的多位同事都曾选择屈服，接受了美国司法部提出的"污点证人减罪或免罪"协议，甚至还有一位匿名同事成为美国司法部的间谍，偷偷录下了阿尔斯通高层内部长达 49 小时的谈话。美国的一些"长臂管辖"法律甚至规定，"叛变者"可以从企业最终缴纳给美国司法部的巨额罚金中领取提成。③

---

① 原文如下：General Electric Company, which intends to acquire the Company, has represented that it will implement its compliance program and internal controls at the Company within a reasonable time after the acquisition closes. 参见 US v. Alstom Power, Inc., Case 3: 14-cr-00248-JBA Document 4 Filed 12/22/14, p. 4.

② [法] 弗雷德里克·皮耶鲁齐、马修·阿伦：《美国陷阱》，第 11、64—70 页。

③ "How the American Takeover of A French National Champion Became Intertwined in A Corruption Investigation", *The Economist*, January 17, 2019；[法] 弗雷德里克·皮耶鲁齐、马修·阿伦：《美国陷阱》，第 11—12、84、119—121 页。

第四，美国司法部与通用电气之间存在着利益与身份冲突的嫌疑。英国《经济学人》杂志在翻阅了大量的案卷之后，承认确实没有找出通用电气在整个收购过程中有公开违法的行为，但是也指出，美国独有的全球霸权地位，使得美国企业与本国核心政府部门更容易接近与沟通，通用电气的法务部门比西门子、三菱等同行企业更擅长通过谈判与美国司法部达成一致意见。更重要的是，《经济学人》的调查记者发现，通用电气雇佣了好几位美国司法部的前职员。[1] 在通用电气没有公开违法的表象之下，这些为通用电气利益服务的职员，与其前东家美国司法部的前同事们，究竟能够进行何种程度的沟通、达成如何程度的默契，永远只能是不为人知的秘密。

第五，巨额的罚款完全缺乏透明性。阿尔斯通最终同意向美国司法部缴纳7.72亿美元罚款，这是美国起诉外国公司海外腐败案中最巨额的罚款之一。然而如此巨额的罚款，究竟是依据什么标准计算得出的，美国司法部却秘而不宣。

更令人感到不解的是，通用电气曾经居中参与了阿尔斯通与美国司法部的谈判和解工作，并承诺一旦收购成功阿尔斯通的能源部门，通用电气愿意承担这7.72亿美元的罚款。然而，美国司法部却最终命令由阿尔斯通未被通用电气收购的剩余公司来缴纳罚款，不允许由通用电气来承担。[2]

第六，打击外国公司海外腐败的行动成为美国法律体系最丰厚的利润来源。《经济学人》杂志将美国司法部的海外反腐败执法行动描述为"反腐生意"（Anti-Bribery Business）。[3] 美国知名的法律

---

[1] "How the American Takeover of A French National Champion Became Intertwined in A Corruption Investigation", *The Economist*, January 17, 2019.

[2] How the American Takeover of A French National Champion Became Intertwined in A Corruption Investigation", *The Economist*, January 17, 2019.

[3] "Anti-Bribery Business", *The Economist*, May 9, 2015, https：//www.economist.com/business/2015/05/09/the-anti-bribery-business.

评论网站"《海外反腐败法》教授"（FCPA Professor）[1]仔细讨论了美国司法部与证券交易委员会运用《海外反腐败法》查处案件数量不断上涨的各方面原因，其中专门指出。

"很多人认为追查海外腐败的行动已经成为了美国政府的'现金牛'（Cash Cow）"；

"美国司法部的一位前高级别官员曾表示，'美国政府发现了一个有利可图的项目，正在对企业进行杀鸡取卵式的行动。'（The government sees a profitable program, and it's going to ride that horse until it can't ride it anymore）"；

"另一位司法部前高级别官员则表示，'对于律师事务所、会计事务所、咨询公司和媒体而言，这可意味着大好商机，创造了这些市场的司法部官员们之后还可以在私人企业里给自己找到一个高薪职位'。"[2]

第七，在美国企业与他国企业面前，美国司法部的选择性执法与联邦法院同罪不同判的歧视性现象非常严重。皮耶鲁齐在书中列举了一些具体的案例与数据，从中可以清晰地看出，美国企业在美国司法部与联邦法院面前，虽然也会面临调查与被起诉的困境，但总体而言，各种措施要温和得多。[3]

东芝机床出口案与阿尔斯通高管行贿案是美国在不同时期针对日本与法国企业所发动的两场"长臂管辖"，这两起案件均具有典型意义。就东芝机床出口案而言，美国所依据的是自己设定的科技

---

[1] FCPA Professor 网站由美国南伊利诺伊大学法学院（Southern Illinois University, School of Law）教授迈克·科勒（Mike Koehler）创立与负责维护，科勒教授是美国知名的海外反腐败法专家，与美国司法部、证券交易委员会等政府机构的海外反腐败部门有密切联系。FCPA Professor 网站曾被美国律师协会（American Bar Association）和法律文书专业信息库 LexisNexis 公司评为全美知名的专业法律知识网站。

[2] FCPA Professor, "Why has FCPA enforcement generally increased？", http：//fcpa-professor. com/fcpa-101/.

[3] 参见《附录》（五）皮耶鲁齐所搜索整理的美国政府选择性、歧视性执法的证据。

产品出口限制规则（讽刺的是，美国自己也常常不遵守这些规则）；就阿尔斯通高管行贿案来说，美国所举起的法律武器是国内制定的《海外反腐败法》。然而，从国际社会无政府状态的现实来看，美国所设立的这些原则、法律以及为了执行它们所采取的手段，都充斥着蛮横粗暴的浓烈色彩。

首先，在国际法层面，美国明目张胆地将本国的国内立法视为理所当然的国际立法，凭借自己的国际权势迫使其他国家默然接受或至少不能强烈抗议。就东芝机床出口案而言，巴黎统筹委员会成员国之间从未签署过任何正式条约，对美国设立的禁运规则只有口头上的认可与承诺，甚至美国自己都没有将这个规则视为真正的"雷池禁地"。然而，在美国需要的时候，它就可以将这个原则无限拔高，并以此给日本施加巨大的压力。

至于《海外反腐败法》，从设立这部法案的第一天起，世界各国就在批评美国的干涉"长臂"实在长得过分，完全是以一种凌驾于其余各国之上的姿态充当着"世界警察"。更让人瞠目的是，美国在全球反腐败行动中以一己之身同时充当了警察、检察官、审判法官和执刑者的全部角色，这对于宣称透明、公正、独立的美国法律制度而言，实在是一个极大的讽刺。腐败当然是全球社会和人民的公敌，但打击腐败无论如何不能只依赖一个国家去执行，而是需要国际社会的共同协商与协作，相互尊重主权是其根本前提。

其次，美国实施这两桩"长臂管辖"的具体手段与最终处理结果实在难以服众。在东芝机床出口案中，东芝集团作为一家企业所付出的代价并不大，但日本政府却因此签署了一个近乎耻辱的认罚协议，将本国科研人员辛勤开发的尖端技术拱手奉上；犯有同样错误的挪威政府却从未被美国政府盯上，最终几乎毫发无损。究其根本原因，恐怕只能说在美国眼里，日本是一个极具潜在价值的"被告"。至于阿尔斯通高管行贿案，借用《经济学人》一针见血的评论来说，"美国人达成和解的手段是粗暴的。法律程序必须透明、独立，而且在外界看来也应当如此，这才具有合法性。在本案中，法律程序和商业程序令人不安地交织在了一起"①。这两桩案件，都必然使全球其他所有国家的政府和人民要公开或非公开地提出一个疑问，"美国实施'长臂管辖'的真正目的到底是什么？"

最后，更令人深感不安的是，包括一些美国观察者在内的全球各国民众都日渐怀疑，美国之所以如此热衷于在国际经济领域针对他国机构，尤其是财力雄厚的跨国企业实施"长臂管辖"，是否是因为美国内部存在着一股"暗势力"（Deep State），②他们的成员遍布与"长臂管辖"有关的各个政府部门、社会组织与商业机构，并且他们之间已经形成了"借美国政府的全球权威，追索跨国企业，攫取巨额罚金以自肥"的行动默契。这个群体如果真的存在，那么损害的将不仅是全球其他国家的利益，还将严重损害美国的国家形象与国家利益。

---

① "How the American Takeover of A French National Champion Became Intertwined in A Corruption Investigation", *The Economist*, January 17, 2019.

② "暗势力"一词又常被译为"深国、深层集团、暗黑帝国、国中之国、影子政府"，一般被认为属于阴谋论型政治观点。"暗势力"说法的信奉者认为，"暗势力"由职业公务员、情报机构、金融财团、军工企业等利益集团所组成，与定时更迭的民选政府及政治领导人不同，这一组织直接影响政府政策走向、掌握国家事务的具体执行过程，因而虽然居于幕后却真正控制国家权力。特朗普上台以来，这一表述的曝光率明显增加，特朗普经常宣称需要与华盛顿的"暗势力"进行斗争。美国国内近年来有不少有关这方面的出版物，譬如 Peter Dale Scott, *The American Deep State: Wall Street, Big Oil, and the Attack on U. S. Democracy*, Lanham: Rowman & Littlefield, 2015; Mike Lofgren, *The Deep State: the Fall of the Constitution and the Rise of a Shadow Government*, New York: Viking, 2016; Jason Chaffetz, *The Deep State: How an Army of Bureaucrats Protected Barack Obama and Is Working to Destroy the Trump Agenda*, New York: Broadside Books, 2018; Luke Rosiak, *Obstruction of Justice: How the Deep State Risked National Security to Protect the Democrats*, Washington, DC: Regnery Publishing, 2019.

第五章　美国在国际经济领域的对华"长臂管辖"

自1949年10月1日中华人民共和国成立以来，中美关系跌宕起伏，实力对比也在不断变动。在这个漫长的过程中，美国在国际经济领域对中国的"长臂管辖"也是随着具体形势的变化而变化的。

第一节　早期对华"长臂管辖"的情况

第一，1949年至中美建交前，美国在国际经济领域对中国直接的"长臂管辖"并不存在。1949年中华人民共和国一成立，就遭到了美国的敌视，特别是抗美援朝战争的爆发，进一步加剧了两国之间的对抗。美国政府由于长期持有中国听命于苏联的错误判断，对中国采取了经济上全面封锁的政策。[1]尽管艾森豪威尔总统本人曾经反对对华贸易禁运，并且秘密允许美国企业通过海外子公司与中国做生意，[2]但总体来看，中美之间的经济隔绝曾长期存在，美国在国际经济领域对中国的"长臂管辖"无从谈起。冷战时期，

---

[1]　[美]孔华润主编：《剑桥美国对外关系史：第四卷》，王琛译，新华出版社2004年版，第298页。

[2]　[美]孔华润主编：《剑桥美国对外关系史：第四卷》，王琛译，新华出版社2004年版，第313页。

美国在国际经济领域的"长臂管辖"主要针对西方盟国，意图就在于严格禁止这些国家违反美国禁令，与各社会主义国家开展贸易、投资、科技等领域的经济合作。因此，这一阶段中国是美国在国际经济领域"长臂管辖"的间接受害者，不是直接相关方。

第二，中美建交后至中国加入世界贸易组织之前，美国在国际经济领域对中国保持了"主流友好，偶有'长臂管辖'"的态度。1979年中美建交后，为了应对来自苏联的威胁，美国主动解除了以往的对华经济封锁，并加大了对华投资，甚至在20世纪80年代与中国在高科技设备、敏感技术转让等领域进行了大量的合作。[1]美国这段时间的对华外交充分考虑到了中美合作的战略大需求，维护友好关系是对华经济合作的总基调，如果刻意制造经贸摩擦，对中国的国际经济活动，特别是涉美经济活动实施"长臂管辖"，是不符合美国的国家利益的。

另外，得益于美国对华政策的改变，西方世界其他国家也纷纷加强了与中国在经济领域的合作，而不必担心违反美国禁令、遭遇其"长臂管辖"。1990年前后，美国曾联合西方盟友对中国再度实行制裁禁运等经济封锁措施，但是时间较为短暂，并且力度很小。历史档案也已经证明，当时的老布什政府根本无心坚持这样的封锁措施，扩大经贸合作仍然是中美两国绝大多数政商人士的共同目标。[2]

但是由于独特的权力体系，美国的对外政策往往难以做到完全一致。在白宫努力促进中美经贸合作向前发展的同时，国会及各政府体系中的政策执行部门往往受到国内商业利益团体的政治游说，从而也会刻意制造摩擦。从1980年开始，具有准司法性质的联邦

---

[1] 何迪、徐家宁主编：《中美关系200年》，中华书局2016年版，第250—269页。
[2] David Skidmore and William Gates, "After Tiananmen: The Struggle over US Policy toward China in the Bush Administration", *Presidential Studies Quarterly* 27, No. 3, 1997, pp. 514–539.

机构——美国国际贸易委员会（US International Trade Commission）开始利用一些具体事件，以"反倾销、反补贴"为依据对中国发动贸易救济调查。①另外，是否给予中国"贸易最惠国待遇"也成为20世纪90年代美国国会在国际经济领域威胁中国的主要手段。②

除此之外，美国在国际经济领域对其他国家企业或个人的"长臂管辖"也开始出现涉华现象，即美国"长臂管辖"的对象并非中国公民、企业或其他机构，但案件本身含有中国因素。这一新现象主要体现在美国依据《海外反腐败法》对一些非中国企业在中国的营业活动进行"长臂管辖"，其管辖依据是这些企业在中国开展业务时以贿赂手段获取了不正当利益。譬如，美国司法部和证券交易委员会曾处理过 AGA 制药、Lucent 科技、Schnitzer 钢铁、NORDAM 航空科技、Pfizer/Wyeth 制药、Siemens 工业 6 家跨国企业在华开展业务时的行贿问题，它们当中既有美国企业，也有法、德等国企业，行贿行为发生在 1995 年、1996 年、2000 年不等。③

不过总的来看，这一时期，美国在国际经济领域对中国直接的"长臂管辖"是较少见的，也未曾采取过激的手段。这一时期，美国在国际经济领域对华"长臂管辖"保持在低水平的根本原因在于：其一，冷战末期及冷战结束后，美国超级大国的地位得到空前巩固，没有视中国为重大威胁；其二，美国视中国为具有庞大潜力的市场，希望在中国推行自由市场经济的意识形态，因而在经济领域对中国保持引领与推动的态度；其三，中国改革开放刚刚起步，

---

① 《国外对华贸易救济案件的特点及趋势》，《上海外贸报》2010 年 1 月 29 日、2010 年 2 月 5 日。

② 参见陶坚《从经济和贸易角度看美国延长对华贸易最惠国待遇》，《教学与研究》1994 年第 5 期；谭融：《利益集团与美国对华贸易政策——中国贸易"最惠国待遇"案例研究》，《吉林大学社会科学学报》2004 年第 4 期；孙君建：《克林顿总统时期美国对华政策形成的特点——以总统、国会在对华贸易最惠国待遇问题上的争论为例》，《史学月刊》2005 年第 6 期。

③ Foreign Corrupt Practices Act Clearinghouse, Stanford Law School, "56 Total in China", http：//fcpa. stanford. edu/geography. html? country = CN, 2019.

在国际经济领域的影响力不足，对国际经济市场的依赖程度较低，美国并没有充足的理由和条件来对中国采取严厉的"长臂管辖"措施。

第二节　对华"长臂管辖"进入频繁期

中国加入世界贸易组织前后至奥巴马政府结束执政的这一时期，美国在国际经济领域对中国的"长臂管辖"呈现加速增长的趋势，两国之间的"长臂管辖"与"反长臂管辖"的斗争日渐激烈。20世纪90年代末期，中国政府加快了市场经济改革的步伐，随后于2001年正式加入了世界贸易组织，之后国内经济长期保持高速发展的态势。这是一个中国与全球经济，特别是与美国经济关系逐步发生根本性变化的过程，中国经济已经完全融入由美国所支配的国际经济市场。从促使美国在国际经济领域对中国施行"长臂管辖"的条件来看，中国经济主要在以下四方面出现很大变化。

其一，大量中国企业与美国发展了密切的经贸关系，中国作为全球最大的制造业生产国，大量企业主营对美出口，高度依赖国际美元结算体系。根据中国政府的官方数据，2017年中国全部对外出口的19%属于对美出口，美国是中国第一大货物出口市场和第六大进口来源地。[①]

其二，大量中国企业受"走出去"战略号召，扩大对外投资，其中不少企业前往美国开设新机构，包括金融、科技、制造业在内的大批中国企业都在美国拥有大量业务。根据中国商务部的说法与数据，2001年中国加入世界贸易组织，伴随着大量外资企业的涌

---

① 国务院新闻办公室：《关于中美经贸摩擦的事实与中方立场》，人民出版社2018年版，第3页。

入，中国经济开始全面纳入经济全球化的进程。中国政府提出"引进来与走出去并重"的开放战略，国内企业对外直接投资进入了一个快速增长时期。加入世界贸易组织以来，中国对外直接投资从不到10亿美元，到2014年增长至千亿美元以上，首次超过吸引外资，成为资本净输出国。①

其三，中国企业与美国的产业链合作关系高度紧密，但中国企业多数依然处于产业链中下游。最典型的例子即为半导体产业。路透社的报道显示，在中美双边贸易中，美国对中国的半导体贸易常年保持顺差，2017年顺差20亿美元；美国自中国进口的半导体主要为美国企业生产的半导体在华组装测试封装后返销美国，主要的增加值（60%）仍来自美国，其余来自欧洲、日本、韩国、中国台湾；在中国境内组装测试封装阶段的增加值只有10%。②

其四，中国大型国企与优质私企进入美国资本市场。从20世纪90年代末期开始，中国政府加快经济改革，其突出表现之一就是一方面加强对传统国有企业的市场经济化改造；另一方面引导优质私企出海，将其推向国际经济市场。以美国华尔街投资行为代表的美资商业机构在这个过程中发挥了主要作用，它们的工作之一就是对中国优质企业进行资本重组，并将其引入国际资本市场。而这些企业的主要上市地都在纽约证券市场。

亨利·保尔森（Henry Merritt Paulson, Jr.）曾于2006年7月至2009年1月在小布什政府中担任财政部部长。在任期间，他创立了"中美战略经济对话"论坛（U.S. – China Strategic Economic Dialogue），是这一时期中美关系的主要推动者之一。

---

① 参见石广生《中国对外经济贸易改革和发展史》，人民出版社2013年版。
② 乔艳红：《专访：贸易冲突恐不可避免，将倒逼中国加速向产业链高端布局》，https://www.reuters.com/article/interview-trade-war-industry-chain-tech-idCNKCS1SX00Z.

在此之前，他是一位世界顶级投资银行家，1994年开始担任华尔街最大的投行之一高盛（Goldman Sachs）的总裁兼运营总监，1998年成为高盛主要合伙人之一，1999年升任董事长及首席执行官。

保尔森于2015年出版个人回忆录《与中国打交道：亲历一个新经济大国的崛起》（Dealing with China：An Insider Unmasks the New Economic Superpower）。保尔森本人与包括历任中国国家主席、总理在内的政界高层有过密切交往，因此他也深度参与了2000年前后中国国有企业改革与海外上市的整个过程，他所撰写的回忆录应该具有较高的可信度。

根据保尔森在回忆录中的描述，从20世纪90年代后期开始，他领导高盛先后帮助中国电信、中石油、粤海企业、中银香港、中国工商银行等中国超大型国企实现资产重组和海外上市。另外，他在回忆录中也证明，诸如摩根斯坦利（Morgan Stanley）这样的美国顶级投行机构也在中国开展了类似的业务，是高盛的主要竞争对手。[①]

上述变化一方面确实提升了中国企业的国际化管理水平和竞争力，增加了中国企业的财富，促进了中国经济的蓬勃发展，但另一方面也让中国企业逐步进入了美国"长臂管辖"的网络并且难以脱身。在美国境内设立工厂或代表机构、使用跨境美元交易系统、在美国证券市场上市、接受美国资本注资持股、深度参与全球产业链，这都使得美国可以依据本国制定的各类所谓的"长臂管辖"法律政令，对中国企业开展所谓的"长臂管辖"，甚至将管辖长臂伸展到中国企业在中国境内的总部和具体管理人员，在更极端的情况

---

① 参见Henry M. Paulson, *Dealing with China：An Insider Unmasks the New Economic Superpower*, New York：Twelve, 2015.

下，甚至声称要"管辖"中国政府和军队官方人士。①

在这一时期，美国在国际经济领域对中国的"长臂管辖"总体上呈现出全面出击的态势，同时也具有一些鲜明的特征。

第一，美国尤其关注洗钱犯罪与违反制裁禁令两个领域，因此中国的金融机构和高科技企业成为美国"长臂管辖"最主要的受害者。在实践中，这两个领域具有较大的重叠，由于中国在外交上长期反对美国在防范核扩散、打击侵犯人权等国际事务中滥用单边制裁，②因而美国一些行政执法部门坚持怀疑中国的金融机构与高科技企业无视美国单方面对伊朗、朝鲜、俄罗斯等国的制裁禁令，暗地协助这类国家洗钱或进口高科技设备，因此不断侵扰中国企业和有关个人，动辄实施"长臂管辖"，施加各种制裁。不仅如此，事实上其中许多制裁行为完全滥用了"长臂管辖"的法律政令，将各种执法手段都披上了所谓的法律外衣。

譬如，中国建设银行、中国银行、中国农业银行的纽约分行都曾被美国指控执行美国反洗钱法律措施的力度不足，并被课以巨额罚款。③纽约地方法院还曾经依据《爱国者法》当中的反洗钱条款，多次受理美国品牌商起诉中资银行美国分行协助制假者洗钱的案件，法院判令甚至要求中资银行中国总部冻结有关人士在中国境内的资产。④然而事实上，《爱国者法》所规定的反洗钱条件，其

---

① 奥巴马执政期间，美国司法部曾以"侵害网络安全"等理由对中国军方人员提起"刑事诉讼"或"通缉"，引发中国政府强烈抗议，参见 Michael S. Schmidt and David E. Sanger, "5 in China Army Face U. S. Charges of Cyberattacks", May 19, 2014, https://www.nytimes.com/2014/05/20/us/us-to-charge-chinese-workers-with-cyberspying.html.
② 中国政府在各类国际问题中，一贯主张尊重各国自主选择社会制度和发展道路的权利，反对以军事、政治、经济或其他手段对他国实施单方面制裁，参见中国外交部官方网站相关新闻信息。
③ 王元元等：《美国反洗钱监管案例研究》，《西部金融》2018 年第 3 期。
④ 参见 Gucci Am., Inc. v. Weixing Li, 768 F. 3d 122, 2d Cir., 2014; Tiffany LLC v. China Merchants Bank, 589 Fed., App 550, 2d Cir., 2014; Tire Eng'g & Distribution L. L. C. v. Bank of China Ltd, 740 F. 3d 108, 2d Cir., 2014.

初衷只是针对打击涉恐怖主义、涉毒品交易的洗钱犯罪。

还有若干单纯设立于中国境内，从未与美国经济产生过任何实质性接触的小型银行，也被美国施以"长臂管辖"。美国国务院、司法部等都曾以违反美国制裁令为由，对中国新疆的昆仑银行、澳门汇业银行施以制裁。对此，中国外交部曾发出强烈抗议。①

另外，美国政府的管辖长臂还不断侵害着诸如中兴、华为、驰创电子等中国高科技企业或科研机构。其主要理由都是声称这些企业违反了美国的各种出口管制或制裁法律政令，美国所采取的手段也不一而足，一些中国公民甚至被引诱至美国境内遭到逮捕。

这方面比较知名的案例包括：2015年5月，美国司法部炮制虚假学术会议邀请，进行"钓鱼执法"，引诱天津大学精密仪器学院的教授张浩赴美。张浩教授于洛杉矶机场入境时即遭逮捕，随后美国司法部对张浩提出了共32项指控，其中包括共谋从事经济间谍活动、共谋盗窃商业机密、经济间谍与教唆，以及盗窃商业机密及与教唆等；同案另有庞慰等5位同属天津大学的科研人员，虽人在中国，但也遭到共同起诉。中国外交部对此表示"严重关切"。

另外，深圳驰创电子董事长吴振洲于2008年12月在芝加哥机场被美国司法部逮捕，吴氏当时原计划应邀赴耶鲁大学参加会议。美方起诉吴氏及其美国分公司同事犯有非法出口防御武器、管制电子设备、洗钱以及向美国商务部提交虚假文件等38项罪行。②

---

① 参见中国外交部驻澳门特别行政区特派员公署"外交部发言人秦刚就汇业银行问题答记者问"，2007年3月15日，http://www.fmcoprc.gov.mo/chn/fyrth_1/t303721.htm；中国中央人民政府："外交部发言人秦刚就美方制裁昆仑银行发表谈话"，2012年8月12日，http://www.gov.cn/xwfb/2012-08/01/content_2196517.htm。

② 参见《外媒：中美关系或因"间谍事件"再遇冷》，《参考消息》2015年5月22日；吴振洲：《狱中日记》，中国水利水电出版社2010年版。

第五章　美国在国际经济领域的对华"长臂管辖" / 123

第二，我们也应该注意到，美国这一时期在国际经济领域的对华"长臂管辖"，其中有一个领域是几乎空白的，即在打击海外腐败领域几乎没有专门针对中国的案件。2001年以来，美国司法部和证券交易委员会办理的涉华海外腐败案件为52起，① 其中仅有1起与中国关联较为紧密。司法部和证券交易委员会共同指控UTStarcom在2001年推广中国业务时涉嫌腐败，该公司由中国公民于1995年在美国成立，2000年前后将总部迁至中国杭州，因而可被视作中国企业，但此次遭到指控的是位于美国加州的公司分部。此案于2009年年底以UTStarcom美国分公司缴纳300万美元罚款而告终。② 在未来，不排除美国执法部门在此领域突然爆发、全面开展针对中国企业海外腐败"长臂管辖"行动的可能。

第三，美国司法与行政执法部门开始不断在反垄断、反海外逃税、反涉恐怖主义、反侵犯知识产权等领域对中国实施"长臂管辖"。美国由于拥有五花八门的"长臂管辖"法律，因此也为一些诉讼者"挑选法庭"（Forum Shopping）提供了极大的便利。2008年，在巴以冲突中受害的一些以色列公民就在美国起诉中国银行总行，称后者的广州分行曾为巴勒斯坦武装组织提供银行服务，使得巴勒斯坦武装得以发动袭击。尽管中国银行总部与广州分行的业务都与美国没有丝毫关系，但美国法院依然强行接受审理，还要求中国银行提交内部涉密数据。③

2010年3月，奥巴马政府正式施行《海外账户合规法》，至2014年7月，在美拥有业务的中资银行被迫全部向国税局登记并承诺愿意

---

① Foreign Corrupt Practices Act Clearinghouse, Stanford Law School, "56 Total in China", http：//fcpa. stanford. edu/geography. html? country = CN, 2019.
② *Securities and Exchange Commission v. UTStarcom, Inc.*, Case No. CV – 09 – 6094 (JSW), N. D. Cal. filed Dec. 31, 2009.
③ 杜涛：《美国联邦法院司法管辖权的收缩及其启示》，《国际法研究》2014年第2期。

主动提供美籍客户的账户信息。① 另外，从 2001 年起，包括网易、中国人寿、新浪、京东、阿里巴巴在内的主动在美上市的企业都在美国遭遇了证券集体诉讼。在反垄断和知识产权保护领域，华北制药等知名企业都曾遭到起诉，并被美国法院判处巨额罚金。②

从时间进度来看，从 2001 年中国加入世界贸易组织前后到奥巴马政府结束执政，这一时期美国在国际经济各个细分领域对中国公民、企业或其他各类机构的"长臂管辖"越来越频繁。究其原因和基础，一方面是中国经济的全球化水平越来越高，通过进出口贸易、资本合作、美元交易等环节与美国产生了紧密的联系，使得美国有办法为自己的"长臂管辖"寻找充分的借口；另一方面，这与中美战略实力对比的变化也有一定关系。自奥巴马政府第二任期开始，中美关系就开始出现新的负面因素，"亚太再平衡"（Pivot to Asia）战略、"修昔底德陷阱"（Thucydides's Trap）论相继出炉，归根结底是美国对中美实力对比的变化产生了新的不安全感，将中国视为挑战美国霸权的"崛起国"，"零和博弈"的思维使得美国乐于以"长臂管辖"的方式压制中国经济的发展。③

---

① 葛辉：《美国单边主义税收措施域外管辖的运行机理及其启示——以 FATCA 法案为例》，《南京大学法律评论》2018 年第 1 期。

② 杜涛：《美国联邦法院司法管辖权的收缩及其启示》，《国际法研究》2014 年第 2 期。

③ 奥巴马政府执政后期以来，美国政界与学术界开始频频提出"美国霸权国与中国挑战国之争""修昔底德陷阱"等观点，参见 Randall L. Schweller and Xiaoyu Pu, "After Unipolarity: China's Visions of International Order in An Era of US Decline", *International Security* 36, No. 1, 2011, pp. 41 – 72; Robert B. Zoellick, "US, China and Thucydides", *The National Interest* 126, 2013, pp. 22 – 30; Zbigniew Brzezinski, "Can China Avoid the Thucydides Trap?", *New Perspectives Quarterly* 31, No. 2, 2014, pp. 31 – 33; Lam Peng Er, "China, the United States, Alliances, and War: Avoiding the Thucydides Trap?", *Asian Affairs: An American Review* 43, No. 2, 2016, pp. 36 – 46; Graham Allison, "Destined For War: Can America and China Escape Thucydides's Trap?", Boston: Houghton Mifflin Harcourt, 2017; Graham Allison, "China vs. America: Managing the Next Clash of Civilizations", *Foreign Affairs* 96, 2017, p. 80; David Shambaugh, "Dealing with China: Tough Engagement and Managed Competition", *Asia Policy* 23, No. 1, 2017, pp. 4 – 12.

第三节　特朗普上台以来对华"长臂管辖"的白热化

自 2017 年特朗普政府上台以来，中美在国际经济领域的对抗进入了白热化阶段，美国"长臂管辖"层出不穷，而且手段之激烈达到了前所未有的程度。特别是 2018 年 3 月中美贸易战爆发以来，"长臂管辖"几乎成为专门针对中国而存在的"经济武器"。特朗普政府的对华"长臂管辖"表现出三个方面的特征。

第一，特朗普上台后，对朝鲜曾厉行"极限施压"的政策，并宣布退出伊核协议，对伊朗重启制裁，对俄罗斯也加大制裁力度。美国认为中国与上述三国关系密切，因而以打击违反美国单方面制裁禁令为借口，对各种中资机构及中国公民加强了"长臂管辖"。从 2017 年年中开始，丹东银行、大连宁联船务以及数名中国公民被美国加以制裁，理由是涉嫌违反了美国针对朝鲜的制裁令。自 2018 年 5 月美国宣布重启对伊朗制裁以来，在伊朗有业务的中资中小型企业所面临的被制裁风险再度上升，[①] 曾被美国制裁的昆仑银行为防止再度遭遇制裁，迅速宣布全面停止对伊朗的金融服务。[②]

第二，特朗普总统本人发挥了关键性作用。在"美国优先"执政理念的指引下，特朗普总统本人对中国企业在国际市场的作用充满敌视与忧虑，再加上白宫内部对华经济政策鹰派人物的大力鼓动，他频繁动用《贸易法》《国际紧急状态经济权力法》等法律赋予总统的行政权力，指示商务部、贸易代表办公室等行政执法部门对中国大肆展开调查，再以极其宽泛的"国家安全"为借口，对中

[①] 任清、徐征："美国对伊制裁：中国企业风险提示及防范"，http：//www.glo.com.cn/content/details_13_1329.html.

[②] 中国商务部："中国的昆仑银行恢复对伊业务，但美国的限制依然存在"，2018 年 12 月 24 日，http：//www.mofcom.gov.cn/article/i/jyjl/j/201812/20181202819532.shtml.

国高科技企业与科研机构,特别是微电子与信息通信产业进行"长臂管辖"。在这方面,中兴、华为、晋华等高科技企业受害尤甚。特朗普的"长臂管辖",实际上就是在压制中国在这些领域的技术进步,对其进行技术封锁,将其隔离于全球供应链之外。

第三,美国在国际经济领域针对中国的"长臂管辖"手段愈发简单粗暴,丝毫不考虑对中美稳定关系的冲击。美国制造华为"孟晚舟案"的手段是很恶劣的,此案中美国采取了"超级长臂管辖"的方法,在孟晚舟接受律师提醒,有意防备美国"长臂管辖"的情况下,美国与加拿大合作,将其扣押于加拿大境内,并积极寻求引渡。① 在涉及中俄关系的问题上,美国以中国违反美国对俄制裁禁令为由,对中国中央军委装备发展部及部长本人实行"长臂管辖",将他们列入制裁名单当中。②

2018年12月1日,华为创始人任正非之女、时任华为副董事长兼首席财务官的孟晚舟由香港搭乘航班飞往墨西哥,在加拿大温哥华过境转机时,遭到加拿大边境服务局(Canada Border Services Agency)的盘查,随后被加拿大皇家骑警(Royal Canadian Mounted Police)③ 逮捕。④

随后,加拿大司法部(Department of Justice,Canada)召

---

① HUAWEI, Media Statement Regarding Huawei CFO's Extradition Case in Canada, May 9, 2019, https://www.huawei.com/en/facts/voices-of-huawei/media-statement-regarding-huawei-cfo-extradition-case-in-canada.

② 中国外交部:《中国外交部召见美国驻华大使,就美国制裁中国军方机构及负责人提出严正交涉》,2018年9月22日,https://www.fmprc.gov.cn/web/gjhdq_676201/gj_676203/bmz_679954/1206_680528/xgxw_680534/t1597930.shtml.

③ 加拿大皇家骑警是加拿大的联邦警察,负责在全国境内执行联邦法规,包括执行与国家安全相关的任务。

④ Daisuke Wakabayashi:"华为CFO孟晚舟在加拿大被捕,或被引渡至美",纽约时报中文网,2018年12月6日,https://cn.nytimes.com/business/20181206/huawei-cfo-arrest-canada-extradition/.

开新闻发布会，宣称美国司法部检察官对孟晚舟提出了多项指控，美国纽约东区联邦地区法院（United States District Court for the Eastern District of New York）因而向孟晚舟发布了逮捕令，而加拿大警方针对孟晚舟的逮捕行动是应美国政府司法互助的要求而展开的。①

2018年12月7日，加拿大英属哥伦比亚省高等法院（British Columbia Supreme Court）召开了第一次保释听证会。2018年12月11日，加拿大英属哥伦比亚省高等法院同意孟晚舟保释，但保释金高达一千万加元，还有16项附加条件。

1. 保持和平。

2. 到指定地点向监督官报到（布拉德街1855号）。

3. 向监督官提供电话与手机号码，必须能被联系到，已确认遵循保释条件。

4. 留在英属哥伦比亚省内。

5. 住在西28大街4005号。

6. 晚上11时至早上6时待在室内。

7. 在由安保团队狮门公司（Lions Gate）在列治文（Richmond）、北岸（North Shore）和温哥华划定的范围内活动。

8. 交出护照。

9. 由狮门公司提供全天候24小时安保监控。

10. 遵循狮门公司职员要求，让他们进入居住场所。

11. 狮门公司能够拘捕孟晚舟，移交法办。

12. 必须遵循监视脚环公司规定。

13. 必须同意支付所有与安保监视以及监视脚环相关费用。

---

① Julia Horowitz, "Huawei CFO Meng Wanzhou arrested in Canada, faces extradition to United States", CNN, https：//edition.cnn.com/2018/12/05/tech/huawei-cfo-arrested-canada/, December 6, 2018.

14. 当不在住所时，必须随时随身携带身份证明，应警方要求出示。

15. 必须在没有得到通知的情况下同意警方的任何要求。

16. 必须应要求出庭，应要求自动归押。①

2019年1月21日，美国政府通知加拿大政府，表示美国政府正在计划向加拿大政府提出引渡孟晚舟的正式申请，理由则是孟晚舟涉嫌为绕开美国对伊朗的制裁而欺诈银行。加拿大驻美国大使戴维·麦克诺顿（David MacNaughton）曾提及美国提出引渡申请的截止日期为2019年1月30日。②

2019年1月28日，美国代理司法部部长马修·惠特克（Matthew Whitaker, Acting United States Attorney General）、商务部部长小威尔伯·路易斯·罗斯（Wilbur Louis Ross Jr., United States Secretary of Commerce）、国土安全部部长基尔斯滕·尼尔森（Kirstjen Nielsen, United States Secretary of Homeland Security）以及联邦调查局局长克里斯托弗·亚瑟·雷（Christopher Asher Wray）在美国司法部大楼举行联合新闻发布会，宣布正式要求引渡孟晚舟，并以23项罪名起诉华为。③ 美国政府

---

① "孟晚舟被批准以1000万加元保释"，联合国家报网，2018年12月12日，https：//www.zaobao.com.sg/realtime/china/story20181212-915185。

② CNBC： "US to formally seek extradition of Huawei executive Meng Wanzhou： Report"， January 21, 2019， https：//www.cnbc.com/2019/01/22/huawei-exec-meng-wanzhou-us-to-formally-seek-extradition-report-says.html.

③ U. S. v. Huawei Technologies Co. Ltd., et al., E. D. N. Y. Docket No. 18 - CR - 457（AMD）, January 24, 2019； Office of Public Affairs, Department of Justice, "Acting Attorney General Matthew Whitaker Announces National Security Related Criminal Charges Against Chinese Telecommunications Conglomerate Huawei", https：//www.justice.gov/opa/speech/acting-attorney-general-matthew-whitaker-announces-national-security-related-criminal, January 28, 2019； Office of Public Affairs, Department of Justice, "Chinese Telecommunications Conglomerate Huawei and Huawei CFO Wanzhou Meng Charged With Financial Fraud", https：//www.justice.gov/opa/pr/chinese-telecommunications-conglomerate-huawei-and-huawei-cfo-wanzhou-meng-charged-financial, January 28, 2019.

第五章 美国在国际经济领域的对华"长臂管辖" / 129

宣称,接到了银行内部人士的举报,华为利用自身在银行的账户开展了可疑交易,因此展开了后续调查。① 后来《纽约时报》报道称该银行实际上是汇丰银行。②

美国指控,华为利用在香港注册的子公司作为掩护,将高科技产品出售给伊朗,并通过汇丰银行账户处理相关的资金往来,严重违反了美国制裁伊朗的法令;而孟晚舟作为华为首席财务官,则对汇丰银行做出了欺骗性陈述,掩盖了华为设立香港子公司的事实,宣称华为与该香港公司只是正常业务往来,并不存在母公司与子公司的关系。因此孟晚舟涉嫌欺诈银行并导致银行面临被吊销营业执照的风险。③

孟晚舟的律师团队则反驳称上述指控所提交的证据根本无法证明当事人违反了加拿大或美国的法律。

2019年3月1日,加拿大司法部发布了一项诉讼程序,宣布孟晚舟案正式启动了案件的引渡程序,将由加拿大法院系统最终裁决同意或驳回美国政府的引渡要求。④

2019年3月3日,孟晚舟的律师团队发表声明,称已于3月1日向加拿大英属哥伦比亚省高等法院提起民事诉讼,指控加拿大联邦政府、加拿大边境服务局以及加拿大皇家骑警严重侵犯了孟晚舟的宪法权利。⑤

---

① U. S. v. Huawei Technologies Co. Ltd., et al., E. D. N. Y. Docket No. 18 – CR – 457 (AMD), January 24, 2019, pp. 3 – 4.

② Matthew Goldstein:"孟晚舟案缘何而起? 从国家安全调查到全球焦点",纽约时报中文网,2018年12月18日,https://cn.nytimes.com/business/20181218/huawei-meng-hsbc-canada/。

③ U. S. v. Huawei Technologies Co. Ltd., et al., E. D. N. Y. Docket No. 18 – CR – 457 (AMD), January 24, 2019, pp. 5 – 23.

④ Department of Justice Canada, "Extradition relevant to the case of Ms. Meng Wanzhou", March 1, 2019, https://www.canada.ca/en/department-justice/news/2019/03/extradition-relevant-to-the-case-of-ms-meng-wanzhou.html.

⑤ The Global and Mail, "Huawei executive Meng Wanzhou files lawsuit alleging breach of constitutional rights", March 3, 2019, https://www.theglobeandmail.com/canada/british-columbia/article-huawei-executive-meng-wanzhou-files-lawsuit-alleging-breach-of/.

至 2020 年 5 月，孟晚舟案已经多次开庭，但目前尚未有最终裁决。然而，越来越多的细节已足以让外界窥探到美国政府与加拿大政府在此案中所扮演的角色。

越来越多的证据显示，针对孟晚舟的逮捕可能具有美加合谋、设网钓鱼的性质，而且还存在程序违法违规问题。

首先，一位加拿大皇家骑警工作人员的笔记显示，2018 年 12 月 1 日早晨，加拿大皇家骑警与边境服务局召开了联合早会，讨论即将到来的抓捕孟晚舟的行动，笔记中的记录称在美国联邦调查局的要求下，边境服务局将获取孟晚舟的手机及手机密码。①

其次，加拿大边境服务局在拦截孟晚舟之后，始终无视孟晚舟的质询，没有向孟晚舟告知她将被加拿大皇家骑警逮捕，更没有告诉孟晚舟背后的具体原因。加拿大边境服务局将孟晚舟拦截了长达三个小时，继而才将其转交给加拿大皇家骑警。②

再次，在拦截期间，加拿大边境服务局在没收了孟晚舟的手机、笔记本电脑、平板电脑等电子设备后，又从孟晚舟处获得了密码。加拿大政府的官方律师已经承认，这些设备及密码被交到了加拿大皇家骑警的手上，但其声称，这些都属于程序失误，并没有人使用这些密码。③然而，另外两位加拿大皇家骑警的笔记却显示，这些设备都被开机，还有一台曾连接上互联网，相关资料也被传送给了美国联邦调查局。④

---

① 王纬温：《加国政府律师首度承认：拘捕孟晚舟程序'失误'》，联合早报网，2019 年 10 月 5 日，https：//www.zaobao.com.sg/znews/greater-china/story20191005 - 994496。
② 德国之声：《孟晚舟律师：当局'滥用司法严重侵权'》，2019 年 9 月 25 日，https：//www.dw.com/zh/% E5% AD% 9F% E6% 99% 9A% E8% 88% 9F% E5% BE% 8B% E5% B8% 88% E5% BD% 93% E5% B1% 80% E6% BB% A5% E7% 94% A8% E5% 8F% B8% E6% B3% 95% E4% B8% A5% E9% 87% 8D% E4% BE% B5% E6% 9D% 83/a - 50582323。
③ 王纬温：《加国政府律师首度承认：拘捕孟晚舟程序'失误'》，联合早报网，2019 年 10 月 5 日，https：//www.zaobao.com.sg/znews/greater-china/story20191005 - 994496。
④ 王纬温：《加国政府律师首度承认：拘捕孟晚舟程序'失误'》，联合早报网，2019 年 10 月 5 日，https：//www.zaobao.com.sg/znews/greater-china/story20191005 - 994496。

第五章　美国在国际经济领域的对华"长臂管辖" / 131

孟晚舟的律师团队严厉指控加拿大政府机构违反法律，侵犯孟晚舟的宪法权利，在扣留孟晚舟出境时与美国有关部门分享孟晚舟手机中的信息，而且为了美国联邦调查局对孟晚舟进行了秘密调查，这是明显而蓄意的"美加合谋"①。

孟晚舟的律师团队除了对逮捕孟晚舟的司法程序提出异议外，还指责美国试图利用孟晚舟事件达到政治和经济目的。这一指责有着非常明显的依据。

第一，孟晚舟被捕后，美国总统特朗普曾表示，如果有利于结束中美贸易战，他将对孟晚舟案件进行干预。②

第二，在特朗普发表评论后，加拿大驻华大使麦家廉（John McCallum）在接受媒体采访时称，特朗普的干预及其他因素，已经给孟晚舟的案子避免引渡提供了支持，并且还表示孟晚舟有很多强有力的观点可供使用，以避免被引渡到美国。③麦家廉的言论遭到很多批评，引人质疑加拿大的司法独立性。麦家廉被迫承认自己失言，但稍后在接受加拿大《多伦多星报》（Toronto Star）采访时又说，"从加拿大的立场来看，如果（美国）撤销引渡要求，对加拿大来说就是太好了。"④最终，

---

① The Global and Mail, "Meng Wanzhou accuses Canadian authorities of doing FBI bidding in court documents", August 21, 2019, https：//www.theglobeandmail.com/canada/british-columbia/article-meng-wanzhou-accuses-canadian-authorities-of-doing-fbi-bidding-in/.

② South China Morning Post, "Donald Trump says he would intervene in arrest of Huawei CFO Sabrina Meng Wanzhou if it helped secure trade deal with China", December 12, 2018, https：//www.scmp.com/news/china/diplomacy/article/2177540/donald-trump-says-would-intervene-arrest-huawei-cfo-sabrina.

③ Huffington Post, "John McCallum：Huawei Executive Meng Wanzhou Has 'Strong' Arguments To Avoid Extradition To U. S.", January 23, 2019, https：//www.huffingtonpost.ca/2019/01/23/john-mccallum-huawei-meng-wanzhou_a_23650711/.

④ Toronto Star, "Ambassador John McCallum says it would be 'great for Canada' if U. S. drops extradition request for Huawei's Meng Wanzhou", January 25, 2019, https：//www.thestar.com/vancouver/2019/01/25/it-would-be-great-for-canada-if-us-drops-extradition-request-for-huaweis-meng-wanzhou-ambassador-says.html.

加拿大总理贾斯汀·特鲁多（Justin Trudeau）责令麦家廉辞去加拿大驻华大使一职。[1]

上述几宗新闻毫无疑问暴露了美国此次借加拿大之手跨国追捕、实行"长臂管辖"的政治目的。

第四，"长臂管辖"被"刻意化、定制化、专门化"，成为美国专门打压中国的"经济武器"。自特朗普政府于 2018 年 3 月对中国发动贸易战以来，联邦各行政执法部门对中国频繁采取专项行动，使得美国在国际经济领域对他国实施"长臂管辖"的政治本色显露无遗。2018 年 11 月，司法部宣布成立一项新的专项执法行动计划，此计划专门针对中国，打击中国所谓的"对美经济间谍活动"[2]。美国商务部在 2019 年 5 月 14 日宣布在"出口管制实体清单"（Entity List）中新增四家中国公司实体和两名个人实体，5 月 16 日又将华为及其 68 家全球附属子机构列入"出口管制实体清单"（Entity List）。[3] 截至 2020 年 2 月，中国被纳入该实体清单的机构和个人已经超过 200 家（人），范围涉及微电子、信息通信、航空航天、精密机械、激光等众多领域的顶级企业、科研机构和个人。[4] 除上述实体清单外，美国商务部还于 2019 年 4 月 10 日将 37

---

[1] Canda Broadcasting Company, "John McCallum fired as ambassador to China amid diplomatic crisis", January 26, 2019, https：//www.cbc.ca/news/politics/mccallum-out-ambassador-1.4994492.

[2] US Department of Justice, "Attorney General Jeff Sessions Announces New Initiative to Combat Chinese Economic Espionage", November 1, 2018, https：//www.justice.gov/opa/speech/attorney-general-jeff-sessions-announces-new-initiative-combat-chinese-economic-espionage.

[3] 参见 Bureau of Industry and Security, US Department of Commerce, "Addition of Certain Entities to the Entity List (final rule), effective May 16, 2019", May 21, 2019, https：//www.bis.doc.gov/index.php/all-articles/17-regulations/1555-addition-of-certain-entities-to-the-entity-list-final-rule-effective-may-16-2019。

[4] 参见 Bureau of Industry and Security, US Department of Commerce, "Entity List", May 21, 2018, https：//www.bis.doc.gov/index.php/documents/regulation-docs/691...entity...file。

家中国公司和学校列入"未经验证实体名单"(Unverified List)中。截至2020年1月，已有49家中国机构被纳入"未经验证实体名单"，涵盖中国科学院、中国人民大学等知名科研机构及各类高科技企业。①（参见表5-1）

表5-1　特朗普政府对华经济领域"长臂管辖"的若干案件

（2017年1月—2019年5月）

"长臂管辖"手段 涉及机构及开始时间	巨额罚款	制裁/进出口封锁	派驻监管专员	制裁/逮捕/拘禁相关中国公民	在美起诉机构或机构所属人士
大连宁联船务 2017年6月		√		√	
丹东银行 2017年11月		√			
中华能源基金委员会 2017年11月				√	√
中兴通信 2018年4月	√	√	√		
中国航天科工、中国电子科技、中国华腾工业等8家企业及下属36家机构 2018年8月		√			
中央军委装备部 2018年9月		√		√	
晋华集成 2018年10月		√			√
华为科技 2018年12月		√		√	√

---

①　参见 Bureau of Industry and Security, US Department of Commerce, "Unverified List", May 21, 2018, https://www.bis.doc.gov/index.php/policy-guidance/lists-of-parties-of-concern/unverified-list.

续表

"长臂管辖"手段 涉及机构及开始时间	巨额罚款	制裁/进出口封锁	派驻监管专员	制裁/逮捕/拘禁相关中国公民	在美起诉机构或机构所属人士
大连海博 2019年3月		√			
辽宁丹兴 2019年3月		√			
Avin电子等四家机构 2019年5月		√		√	

资料来源：笔者搜集自制。

在特朗普政府正式视中国为主要竞争对手，一意遏制中国发展的大背景下，可以预见美国在未来将进一步在国际经济领域加强对中国的"长臂管辖"，双方的对抗将会是一个长期而艰难的过程。

第六章　余论

美国在国际经济领域的"长臂管辖",是一个复杂的问题,也是一个形势在随时变化的难题,因此很难只通过一次研究就得到完整的答案。实际上,包括欧盟国家、日本、加拿大、澳大利亚在内的西方国家早已领教了"长臂管辖"的厉害。当前,由于中美战略竞争加剧,美国政府中施行"长臂管辖"的部门已经紧紧盯住中国,同时这些新闻也不断吸引着全球公众的眼球。针对许多人,特别是中国民众所关心的一些问题,笔者在这里可以做一些简单的陈述,希望能够起到抛砖引玉的效果。

一　美国对华"长臂管辖"的背后是什么?

美国的终极追求,在"五月花号"从英国漂洋过海到达北美时就已经写在了灵魂里,那就是创造一个让人羡慕的新世界,做闪耀全球的灯塔国。第二次世界大战的胜利极大地强化了美国的这一信念。自那以后,美国的外交政策饱含这种"上帝选民、天命所归"的迷思,它要让全世界都以美国为榜样,按照美国的意愿去发展,进行美国式的改造。

从1971年基辛格秘密访华开始算起,美国花费了四十余年的时间,在中国身上竭力灌输美国梦的信念。然而,当前的美国可能陷入了深深的懊悔与自我怀疑之中,白宫、国会、智库、大学、商业界的精英人士正在确信,将中国拉入全球市场、拉入亲美朋友圈的努力可能是徒劳而已。一个热爱美国的中国没有出现,一个新的美国挑战者却可能已经诞生。

特朗普在 2017 年 12 月发布的《国家安全战略》中称中国希望修正现行的国际秩序,试图"侵蚀美国的安全和繁荣"①。在 2018 年国情咨文报告中,特朗普以"对手"(Rival)来形容中国,并且提及价值观层面的挑战,"像中国和俄罗斯这样的对手,他们挑战了我们的利益、经济与价值观"②。在美国的认知中,中美争端开始显露出"路线之争"的特征,带有明显的意识形态对峙色彩。

实际上这意味着,美国人已经确信,中国的发展正在超出美国的预料,也正在超出美国的控制范围,那么遏制中国是一项必然的选择。按照美国进攻性现实主义理论大师约翰·米尔斯海默(John Mearsheimer)的理论来看,遏制中国并非意味着中国是特殊的,这只是美国作为一个霸权国的必然正常反应。③ 20 世纪 50 年代与 60 年代的苏联、20 世纪 70 年代与 80 年代的日本,都曾被美国视为威胁自身霸权的心腹大患。现在轮到中国了。

遏制战略从来都不是一项简单的政策,而是一整套思想、政策与技巧的集合。我们还没法确定美国是否已经形成了一整套的全面遏制战略,但它已经启用了一些被历史证明颇有杀伤力的装备,这其中就包括国际经济领域的"长臂管辖"。

在核武器与核战争可以彻底毁灭全世界的时代里,人们很难想象美国与中国爆发残酷的全面战争。在全球相互依赖水平越来越

---

① White House, "National Security Strategy of the United States of America", December 18, 2017, https://www.whitehouse.gov/wp-content/uploads/2017/12/NSS-Final-12-18-2017-0905.pdf, p. 2.

② White House, "President Donald J. Trump's State of the Union Address", January 30, 2018, https://www.whitehouse.gov/briefings-statements/president-donald-j-trumps-state-union-address/.

③ 笔者与米尔斯海默教授于 2019 年 10 月 20 日面谈,北京。

高，军事战争成本越来越大的背景下，美国在国际经济领域利用霸权优势对中国进行"长臂管辖"是一种廉价而高效的选择。简单来说，如果能够以"长臂管辖"彻底扼杀华为，那么美国就可以让中国痛失巨额出口、损耗来之不易的科技积累成果、国内经济发展缓慢，这对中国所造成的损失，不亚于在一场局部战争中战胜中国。

因此，美国对华实行"长臂管辖"，实际上只不过是国际政治中国家与国家之间战略竞争的常见现象。从美国的角度来说，这是一场理所当然、目标明确、手段凌厉的霸权保卫战。

二 "长臂管辖"对中国的危害是什么？

就目前来看，由于美国强大的经济与科技实力，美国在国际经济领域的对华"长臂管辖"确实有着强大效果，给中国的经济发展和科技进步带来了难以忽视的挑战。这种挑战主要体现在以下几个方面。

其一，严重威胁中国的整体经济安全。作为全球产业链中的核心成员之一，中国的经济增长高度依赖全球产业链，它为中国提供了大量就业和科技进步的机会。当美国利用"长臂管辖"剥夺中国的这类机会时，不仅会造成中国经济波动，甚至会严重打击某些产业。

其二，阻滞中国企业进一步参与全球化、提升国际化水平的速度。在可预见的未来中，美国会进一步利用各种办法对中国遍布海内外的各类企业施加"长臂管辖"，制造"寒蝉效应"，使得中国企业在参与境外经济活动时不得不更加谨小慎微。

其三，拖慢中国科技升级的步伐。从特朗普近期的各种发言中可以清晰看出，美国绝对无法容忍中国在信息通信等关键科技领域中超越美国的地位，对中国有关企业极尽所能的"长臂管辖"，其本质就是制裁与封锁。①

其四，一定程度上影响中国与其他国家的经贸合作。由于美国强大的经济霸权实力，全球各国，特别是中小国家对美国的"长臂管辖"威胁较为忌惮，面对美国对中国的封锁与制裁，它们将被迫选择站在美国一边，在一些具体领域减少或切断与中国的经贸合作，否则它们也将会受到美国的连锁"长臂管辖"。

其五，间接威胁中国的能源和其他战略物资安全。当前全球受美国"长臂管辖"的国家中，有不少属于能源或矿产出口大国，且与中国有着密切的进出口关系。美国对这些国家和中国同时实行"长臂管辖"，在一定程度上将会影响中国的资源供应稳定。

三 美国对华的"长臂管辖"会受到哪些制约？

应该看到，美国在国际经济领域的对华"长臂管辖"并非是"无法无天"的，也不可能始终达到它的全部目的，这些"长臂管辖"措施也受到各种因素的约束。

首先，中国与其他许多受到美国"长臂管辖"的国家在经济体量和发展质量方面具有显著区别，人口规模与结构转型是关键性的因素。中国经济自进入新常态以来，增长速度与质量超乎国内外不少观察者的判断，市场体量庞大，经济效率提升，服务部门规模扩张是其主要利好因素。这就意味着中国的经济具有一定程度的韧性，可以更好地忍耐美国"长臂管辖"所带来的负面冲击。

其次，长期以来，美国在国际经济领域的"长臂管辖"对世界

---

① Donald Trump, Remarks by President Trump on United States 5G Deployment, April 12, 2019, https://www.whitehouse.gov/briefings-statements/remarks-president-trump-united-states-5g-deployment/; White House, Statement from the Press Secretary, May 3, 2019, https://www.whitehouse.gov/briefings-statements/statement-press-secretary-54/.

各国造成了巨大的干扰与伤害,尤以欧洲主要经济大国和日本受害最为严重。在这个问题上中国与它们有着共同的利益痛点,各方或有机会寻求合作以在国际制度构建层面向美国做出回击。

最后,特朗普政府的政策可能会遭遇来自内部利益团体的压力。当前,中国是包括美国在内的世界各国巨头企业的最大市场或最大利润来源地,中国的一些出口产业对美国市场拥有决定性话语权。这就使得中国也有机会向美国的产业界展开博弈,再将这种压力传导到特朗普政府身上,使其在准备对中国滥用"长臂管辖"时需要更多的权衡。

四 外国企业是如何应对"长臂管辖"的?效果如何?

面对美国"长臂管辖"的强硬措施,以往相关涉事企业的应对措施主要有以下几个途径:第一,主动认罪认罚,希望以此换取美国的"宽恕";第二,向本国政府、全球媒体等机构寻求外交和舆论的帮助,特别是借助本国政府外交部门的力量,向美方"长臂管辖"机构提起外交抗议,施加外交压力;第三,雇佣美国当地的公关公司或游说公司,对美国有关政府部门进行合法游说;第四,雇用美国当地的律师,与美国行政执法部门进行法庭对抗。

目前看来,上述这些做法在某些时候和场合能够产生一定的效果,但总体而言还是存在很大的不足。

第一,许多国家的公民、企业和其他机构高度缺乏应对美国国际经济领域"长臂管辖"的基本意识。在很多情况下,他们对国际社会广为流传的美国"长臂管辖"的"高压线"一无所知,甚至抱有侥幸心理,对其视而不见。

第二,低估美国强大的全球执法监控能力,一些企业确实在从事违反美国法律政令或者联合国制裁决议的交易,却认为能够做到掩人耳目。事实上，美国各个执法部门建立了极为严密的监控网络，通过与各种跨国交易系统合作，甚至对各类可疑行为实现了人工智能自动追踪、自动监测和自动报警。

第三，对美国法律严峻程度完全不了解或者认识不足。譬如，由于文化差异的存在，一些企业家，特别是来自第三世界国家的企业经营管理者，想当然地认为在海外经营活动中支付所谓的"礼品费""辛苦费"是正常的交际需要，却不知道美国法律对此惩罚力度之大。再例如一些文化中常见的一些所谓"看破不说破"或"含糊其辞"的语言策略，在美国法律中可以被视为向联邦工作人员说谎，是一项极重的刑事罪名（Felony）。

第四，日常经营中缺乏应急准备，对一些高度依赖美国进口的关键原料或配件没有战略储备，或者经营业务高度依赖美国市场。由此迫于美方的封锁威胁，只能选择主动认罪认罚。

第五，对美国高度复杂的法律制度、烦琐的司法环节和天然的语言文化差异心存畏惧，再加之被美国有关部门的恐吓或诱供所迷惑，故而抱有"花钱消灾、息事宁人"的态度。

第六，在某些特殊情况下，这些外国企业存在被美国律师事务所欺诈的风险，一些律所利用信息不对称，故意拖延法律进程，以骗取更多的服务费用。

五　写在最后的话

在某些时刻，我们可以认为，美国的"长臂管辖"有助于震慑一些跨国犯罪行为。譬如其针对国际足联所采取的执法行动，尽管在程序上存有很大问题，但相信对于减轻国际足坛长期以来存在的腐败问题，应该会起到积极的作用。

然而，问题的根本在于：国际社会不是只有美国一个国家，而是由近两百个国家与地区构成的，这些国家及其人民都拥有极高的自尊感。由美国来充当正义的唯一化身,希望长期对全世界实行美式管治,这是注定不可能成功的。"长臂管辖"归根结底是要以美国的法律取代全世界其余各国的法律,以美国的意志取代全世界其余各国的意志,这是不义的,也是不可实现的。更糟糕的是,美国这个霸主又常常在这种"国际执法"中夹杂着自己的强大私欲,这严重削弱了它的威信与影响力。

从国际权力格局变迁的大战略来看,特朗普的上台与"美国优先论"的泛滥意味着美国越来越转向民族主义与民粹主义的道路,其霸权统治中的"强制与掠夺"色彩愈加浓厚,美国正在不断为国际社会追求和平与稳定的努力制造不必要的障碍。恰如法里德·扎卡里亚在《美国权势的自我毁灭》这篇文章中所批判的那样,"结果,美国就变成了一个虚伪的霸权。美国对外政策的这种虚伪性一直延续至今"[1]。

---

[1] Fareed Zakaria, "The self-destruction of American Power: Washington Squandered the Unipolar Moment", *Foreign Affairs*, 98, 2019, p. 10.

附　　录

附件1　基于性别与年龄的美国人口结构数据表[①]

年龄	2018年总人口数328,226,532	
	男性占总人口比例（%）	女性占总人口比例（%）
0	0.60	0.57
1	0.61	0.58
2	0.62	0.60
3	0.63	0.60
4	0.63	0.60
5	0.63	0.60
6	0.63	0.60
7	0.63	0.61
8	0.63	0.61
9	0.63	0.61
10	0.65	0.63
11	0.66	0.63
12	0.65	0.62

---

① 参见美国人口调查局官方网站，https://www.census.gov/popclock/data_tables.php? component = pyramid。

续表

年龄	2018年总人口数328,226,532	
	男性占总人口比例（%）	女性占总人口比例（%）
13	0.65	0.62
14	0.65	0.62
15	0.65	0.62
16	0.64	0.62
17	0.66	0.63
18	0.68	0.64
19	0.67	0.64
20	0.67	0.64
21	0.67	0.64
22	0.68	0.65
23	0.70	0.66
24	0.71	0.67
25	0.72	0.68
26	0.74	0.71
27	0.75	0.72
28	0.75	0.72
29	0.72	0.69
30	0.70	0.68
31	0.68	0.67
32	0.69	0.67
33	0.69	0.68
34	0.66	0.66
35	0.67	0.67
36	0.67	0.67
37	0.66	0.66
38	0.67	0.67
39	0.63	0.63
40	0.61	0.62
41	0.61	0.61
42	0.59	0.59

续表

年龄	2018年总人口数328,226,532	
	男性占总人口比例（%）	女性占总人口比例（%）
43	0.61	0.61
44	0.58	0.59
45	0.59	0.60
46	0.62	0.63
47	0.65	0.67
48	0.66	0.67
49	0.62	0.64
50	0.61	0.62
51	0.61	0.62
52	0.62	0.63
53	0.65	0.67
54	0.66	0.69
55	0.66	0.69
56	0.65	0.69
57	0.66	0.70
58	0.66	0.70
59	0.64	0.68
60	0.63	0.67
61	0.62	0.67
62	0.59	0.64
63	0.58	0.64
64	0.55	0.61
65	0.53	0.59
66	0.51	0.57
67	0.49	0.55
68	0.47	0.54
69	0.46	0.52
70	0.45	0.51
71	0.47	0.53
72	0.34	0.39

续表

年龄	2018年总人口数328,226,532	
	男性占总人口比例（%）	女性占总人口比例（%）
73	0.33	0.39
74	0.32	0.38
75	0.32	0.38
76	0.27	0.33
77	0.24	0.30
78	0.23	0.28
79	0.21	0.26
80	0.19	0.25
81	0.17	0.23
82	0.16	0.22
83	0.14	0.20
84	0.12	0.18
85	0.11	0.17
86	0.10	0.16
87	0.09	0.15
88	0.08	0.14
89	0.07	0.12
90	0.06	0.11
91	0.05	0.09
92	0.04	0.08
93	0.03	0.07
94	0.02	0.05
95	0.02	0.04
96	0.01	0.03
97	0.01	0.03
98	0.01	0.02
99	0	0.01
100+	0.01	0.02

附件 2　SWIFT 关于美国支付市场基础设施同意支持 SWIFT gpi 业务的跨境支付查询的公告[①]

美国支付市场基础设施同意支持 SWIFT gpi 业务的跨境支付查询

美国联邦储备银行和清算所制定本地市场操作指引，便利参与者的端对端支付查询

布鲁塞尔，2017 年 3 月 13 日 – SWIFT 今日宣布美国联邦储备银行的 Fedwire © Funds Service 和清算所（CHIPS）为已使用 SWIFT 全球支付创新（gpi）服务的参与者制定了本地市场操作指引。

2017 年 2 月启动的 SWIFT gpi 是一项新服务，帮助银行向客户提供更快速、透明及可追溯的跨境支付体验。该项服务旨在帮助企业发展国际业务，改善供应商关系，并提高财资效率。SWIFT gpi 包括以下主要特点：更快速、当日使用资金（在收款 gpi 会员的时区内）；端对端支付查询；传输未更改的汇款信息。

支付市场基础设施在便利跨境支付端对端查询方面发挥关键作用。国际支付到达国内或地区市场后，支付市场基础设施通常会立即参与本地清算和结算。SWIFT gpi 银行已经能够通过 56 个使用 SWIFT 的市场基础设施（包括 EURO1 和 TARGET2）交换 gpi 支付报文。

由于 SWIFT gpi 支付在报文中承载了附加信息作为 gpi 业务的

[①] 参见 SWIFT 官方网站，https：//www.swift.com/sites/default/files/resources/swift_ payments_ press_ release_ america_ mi_ gpi_ zh. pdf。

标记，会员银行需要标准化的本地市场操作指引，才能通过不使用SWIFT 的本地清算系统处理上述支付。主要的美元清算系统提供上述市场操作指引，将大幅提高查询跨境支付状态的效率。

Fedwire Funds Service 和纽约联邦储备银行全国结算服务副总裁兼支付产品管理负责人 NickStanescu 表示，"通过使用市场操作指引，将 gpi 查询参考信息包含在 SWIFT gpi 成员行发送的 Fedwire Funds Service 报文中，即可将 SWIFT gpi 的益处扩大到通过 Fedwire Funds Service 完成的资金转移"。

CHIPS 的产品管理高级副总裁 Jim McDade 表示："清算所很高兴与世界支付市场基础设施携手努力，通过 SWIFT gpi 项目提升支付透明度。我们的承诺包括：将 CHIPS 格式与 gpi 美国市场实务协调一致，这将确保支付承载必要的信息，以便查询境内和跨境电汇支付，覆盖从支付发起直至贷记最终受益人账户的全程。上述透明度将改善效率、安全性和客户服务。"

SWIFT 将继续积极接洽不使用 SWIFT 的其他市场基础设施群体［包括日本银行金融网络系统（BOJNET）和 SIX 的瑞士银行间清算系统］，以便其实现未来的 gpi 兼容。

此外，大额支付系统任务组（HVPS＋）在 SWIFT 的帮助和支付市场实务小组（PMPG）的支持下，目前正在设立一套全球操作指引，以确保统一识别计划实施 ISO 20022 的市场基础设施交换的 gpi 业务。这是该实务小组的部分使命，即通过未来 ISO 20022 应用计划为 HVPS 制定全球 ISO 20022 市场操作指引。

"市场基础设施的支持是一个关键成功因素"，SWIFT 北美区负责人 Stephen Grainger 补充道："采取标准化方式识别上述本地清算系统中的 SWIFT gpi 交易，将降低零散化，减少银行成本。我们期盼与上述及其他市场基础设施更密切合作，帮助行业实现更快速、透明及可追溯跨境支付的目标。"

SWIFT gpi 目前已上线，12 家主要全球交易银行每天正交换数以万计的 gpi 支付。将近 100 家银行已参与 SWIFT gpi，更多银行确定在今后数月上线。

关于 SWIFT

作为一家全球性同业合作组织，SWIFT 是世界领先的安全金融报文传送服务机构。我们向业界提供报文传输平台及通信标准；我们提供多种产品和服务，促进金融服务的便利与整合、身份识别、分析及打击金融犯罪方面的合规。我们的报文传输平台、产品和服务连接 200 多个国家和地区的 11000 多家银行及证券机构、市场基础设施和企业客户，便于他们通过可靠途径，安全开展通信并交换标准化金融报文。作为深受客户信任的供应商，我们促进全球和本地金融流动，支持世界各地的贸易和商业；我们不懈追求卓越运营，并不断寻求降低成本、减少风险及消除运作低效率的途径。SWIFT 的总部位于比利时，我们的国际治理和监管强化了自身合作组织架构的中立和全球特性。SWIFT 的分支机构分布全球，其业务覆盖了几乎所有的金融中心。

附件 3　俄罗斯卫星通信社有关 SWIFT 与执行美国对伊朗制裁的两则报道

《美财长：美国 11 月 5 日将向伊朗企业和个人追加制裁 涉及对象超过 700 个》

报道时间：2018 年 11 月 2 日 23：27（更新 2018 年 11 月 3 日 01：08）

http：//sputniknews.cn/politics/201811021026731716/。

俄罗斯卫星通信社莫斯科 11 月 2 日电　美国财政部部长姆努钦向记者表示，美国财政部 11 月 5 日将向伊朗的企业和个人追加制裁，制裁对象超过 700 个。

姆努钦说："财政部5日将把700多个对象列入制裁名单，其中数百个对象是此前根据伊核协议被解除制裁的，另外300多个是新增的。"

此外美国财政部部长姆努钦表示，如果这一国际支付体系将给那些美国对伊朗制裁的组织和个人提供服务，美国准备对环球银行金融电信协会（SWIFT）实施制裁。

姆努钦说："我们建议 SWIFT 体系尽快将受制裁的伊朗金融机构排除在外，最好技术允许的最短时间内做到，以免遭到制裁。"

此外美国财政部部长姆努钦向记者表示，通过欧盟与伊朗正在建立的新金融机制进行的交易也将成为美国制裁的目标。

姆努钦表示，他预计不会有重大交易通过该机制进行。

他说："如果出现意图规避美国制裁的交易，我方将不留情面地采取应对措施。"

9月24日，俄罗斯、英国、法国、德国、中国、伊朗在联合国外长会议后的联合声明中称，欧盟将建立与伊朗结算的金融机制以规避美国的制裁。

2015年7月，伊朗与伊核问题六国（美国、英国、法国、俄罗斯、中国和德国）达成伊核问题全面协议。根据协议，伊朗承诺限制其核计划，同时享有和平利用核能的权利，国际社会解除对伊朗制裁。

美国总统特朗普2018年5月8日宣布华盛顿退出伊核协议，并称将恢复所有此前在该协议框架内暂停的对伊朗制裁。伊核问题六国的其余五国反对美国此举。英法德这三个美国盟国均已表示打算继续遵守伊核协议的条款。

美国自8月7日起重新生效部分对伊朗的制裁。包括石油产品出口在内的更重大制裁将在11月5日生效。欧盟不认可美国的重新制裁，也不允许欧洲公司履行这些制裁，但欧盟公司因担心美国的次级制裁，仍事实上放弃了与伊朗的业务。

《美国财政部：银行间数据传输系统 SWIFT 中断对伊朗央行服务》

报道时间：2018 年 11 月 13 日 00：13（2018 年 11 月 13 日 08：36）

http：//sputniknews.cn/economics/201811131026818100/

美国财政部称，银行间数据传输系统 SWIFT 中断对伊朗央行服务。

几天前，SWIFT 系统迫于美国的压力计划对伊朗暂停服务。美国财长姆努钦说，这是"为保护国际金融体系的完整做出的正确决定"。

此外姆努钦表示，如果这一国际支付体系将给那些美国对伊朗制裁的组织和个人提供服务，美国准备对环球银行金融电信协会（SWIFT）实施制裁。

SWIFT 是国际银行间信息传输和支付系统，创始成员共计 248 家银行，来自 19 个国家。

美国 5 月退出伊核协议后，宣布分两个阶段恢复对伊朗实施制裁。第一阶段制裁于 8 月 6 日生效，针对伊朗的汽车行业及黄金等重要金属的贸易。第二阶段制裁于 11 月 5 日生效，制裁对象超过 700 个，针对伊朗的能源行业、石油贸易和伊央行的涉外结算业务，与伊朗开展业务的国家面临美国的次级制裁。美国对中国、印度、意大利、希腊、日本、韩国、中国台湾和土耳其这 8 个伊朗原油进口国家和地区提供了 180 天的暂时豁免，但称不打算延长豁免期。美国此前曾表示，第二波制裁的目的是把伊朗的原油出口收入降到零。美国国务院伊朗事务特别代表胡克警告称，华盛顿将制裁所有企图规避次级制裁的国家。

附件4　中国商务部驻美国经商参处有关美联邦机构反垄断执法体系的调研报告[①]

A. 联邦反垄断执法机构情况简介

美联邦两大反垄断执法机构是司法部反垄断局（Antitrust Division, Department of Justice）和联邦贸易委员会（Federal Trade Committee）。

司法部反垄断局主要负责执行《谢尔曼法》和《克莱顿法》，是典型的行政机构。局长由司法部一名助理部长担任，经总统提名并由参议院批准。司法部反垄断局具有提出包括刑事诉讼和民事诉讼在内的司法诉讼权力。

联邦贸易委员会主要负责执行《联邦贸易委员会法》和《克莱顿法》，其下设的竞争局（Bureau of Competition）与经济局（Bureau of Economics）等部门可对相关涉嫌违法行为展开调查。联邦贸易委员会属相对独立的联邦执法机构，且具有一定的准司法权，有权在执法过程中做出行政裁决。联邦贸易委员会由5名委员领导，经总统提名并由参议院批准，任期7年并可连任，联邦贸易委员会主席由总统在5人中指定。

两家执法机构间的工作范围既有分工也有重合。司法部反垄断局负责执行《谢尔曼法》，联邦贸易委员会负责执行《联邦贸易委员会法》。两家机构都有权执行《克莱顿法》，在企业合并审查的职能上有一定重合。

[①] 参见中国商务部驻美国经商参处《美联邦机构反垄断执法体系》，2017年10月30日，http：//www.mofcom.gov.cn/article/i/dxfw/nbgz/201710/20171002662087.shtml，本书在引用时对其内容、结构略有删改。

为避免管辖权冲突，减少行政成本和企业负担，两家执法机构曾于 1948 年达成备忘录，通过事前相互通知获得对方认可的方式来协调案件管辖。

实践中，双方根据各自专业化和经验进行分工，联邦贸易委员会负责的领域包括但不限于制药业、石油和天然气行业、计算机硬件和许多零售食品行业；司法部反垄断局主要负责的领域包括通信业、电子业、金融业和钢铁业等重点行业。

司法部反垄断局与联邦贸易委员会的最大区别在于，联邦贸易委员会没有司法部反垄断局拥有的启动刑事诉讼程序的权力，其次是联邦贸易委员会还肩负保护消费者权益的责任。

B. 联邦机构反垄断执法实践

司法部反垄断局与联邦贸易委员会一般会根据被调查案件性质进行非合并案件调查与合并案件审查，其中，司法部反垄断局又将非合并案件调查分为民事案件调查和刑事案件调查。不同性质的案件由不同的调查部门进行，调查程序也有所不同。

B1. 制订手册，指导与规范调查

联邦机构反垄断在执法过程中，制定与更新了一系列调查指南用于指导与规范调查。这些指南分为两大类，一类是执法机构各自发布的调查手册，主要有：司法部反垄断局发布的《反垄断手册》（*Antitrust Division Manual*，目前已更新至 2014 年第 5 版）和联邦贸易委员会发布的《联邦贸易委员会行政人员手册》（*Administrative Staff Manuals*，FTC）。

另一类是司法部反垄断局与联邦贸易委员会联合发布的指南，主要有：1）2010 年 8 月的《合并调查指南》（*Horizontal Merger Guidelines*）；2）1996 年 8 月的《经营者集中的反垄断指南》（*Antitrust Guidelines for Collaborations Among Competitors*）；3）2000 年 4 月的《医疗行业反垄断指南》（*Statements of Antitrust Enforcement Policy* in Health Care）；4）1995年4月《知识产权反垄断指南》(Guidelines for the Licensing of Intellectual Property）；5）1995年4月《国际合作中的反垄断调查指南》(Antitrust Enforcement Guidelines for International Operations）。这些指南虽不具备法律约束力，但可作为执法机构分析和处理案件的依据，法院审理案件时也加以引用，企业也重视和遵守相关指南的规定，具有较强"软约束力"。此外，先前的案例也可作为执法依据。

B2. 非合并案件调查

司法部反垄断局在得到案源后，一般先确定案件性质，然后交由相关部门开展具体工作。联邦贸易委员会只负责民事案件的调查。民事案件与刑事案件遵循调查程序不同的调查程序。

B2—1. 民事案件调查

B2—1—1. 司法部反垄断局调查

在得到案源后，司法部反垄断局会成立由经济学家与律师组成的调查组初步调查案件事实，做出是否继续调查的建议报告给有关执行部门主任以及主管的司法部反垄断局副局长，决定是否继续调查。这个建议可能是不再继续调查，也可能是继续调查。如果继续调查，司法部反垄断局会向当事人签发民事调查令（Civil Injunction Demand, CID），要求其提供相关信息、数据与见证人。经过调查后，司法部反垄断局可能以不采取措施的方式结案，也可能与当事人达成协议，还可能对当事人提出诉讼。司法部反垄断局一般向联邦初级法院提出诉讼。联邦初级法院根据相关民事案件的法律规定再次展开调查并做出裁决。如果当事人不服法院决定，则可根据司法程序，向高一级法院提起上诉。

B2—1—2. 联邦贸易委员会调查

联邦贸易委员会民事案件调查程序与 DOC 调查程序基本相同，只是在对当事人提起诉讼时不同。经过调查后，联邦贸易委员会可能以不采取措施的方式结案，也可能与当事人达成协议，还可以根据行政法要求自行做出当事人是否合法的决定。该决定由联邦贸易委员会的行政法官（Administrative Law Judge，ALJ）主持调查后提出建议，由联邦贸易委员会的 5 名委员投票决定当事人行为是否合法。ALJ 拥有独立的行政决策权，以行政法（The Administrative Procedure Act，APA）为法律依据做出决定。如果 5 名委员的投票结果为当事人行为不合法，委员会则做出最后决定（Final Order），要求当事人遵守委员会提出的要求。如果被告当事人违反了联邦贸易委员会的要求或者其他规则，联邦贸易委员会则可向联邦法院寻求民事救济或要求法院发布禁令。当事人若对 ALJ 做出的建议不服，可向联邦贸易委员会提出上诉；如果对联邦贸易委员会决定仍然不服，可向联邦法院提出上诉，在法院受理后进入司法程序的调查。

B2—2. 刑事案件调查

司法部反垄断局一般对固定价格、串通投票、分割市场和违反合同等"当然违法行为"界定为刑事案件。与民事案件不同的是，司法部反垄断局在调查中适用"宽恕"（Leniency）程序。涉案企业或个人在该调查开始前或进行中，符合向司法部反垄断局举报其合谋者或者其他相关条件，并与司法部反垄断局合作，提供与案件相关的数据、信息与证人等情况并协助调查，可免于刑事追诉。

司法部反垄断局在完成初步调查后，向联邦初级法院提出起诉，并在获得法院授权后，成立大陪审团（又称"起诉陪审团"）。大陪审团会决定司法部反垄断局是否有足够证据可起诉嫌疑犯，可在此过程中签发提供相关文件的传票（Subpoenas Duces Tecum）和签发要求亲自当庭陈述的传票（Subpoenas Ad Testificandum），进入正式调查程序，获取调查所需的文件、信息和证人。大陪审团经调查后向法庭提出是否提出起诉（indictment）的意见，其标准是"合理根据"（probable cause），这意味着只要大陪审团认为有证据足够显示嫌疑犯犯案的可能性大于50%，司法部反垄断局就有权起诉嫌疑犯。大陪审团认同诉讼后，案件则进入司法程序，司法部反垄断局充当起诉人，所有调查与取证则由法院的法官决定。《联邦刑事程序法》（Federal Rules Criminal Procedure）、《联邦证据法》（Federal Rules of Evidence）和当地法院规则对司法程序进行了规定，包括起诉、传讯、审查与裁定等。司法部反垄断局通常会在法官裁定前向嫌疑犯提供辩诉交易的机会。如果嫌疑犯不接受司法部反垄断局所提供的辩诉机会，则会继续由法官裁定嫌疑犯是否犯罪。如果嫌疑犯不服法院判决，可以根据美国的司法程序，向高一级法院进行上诉。

B3. 合并调查

司法部反垄断局和联邦贸易委员会对达到一定标准的合并案件进行审查，并将可能实质性减损竞争的合并交易提起上述。两家执法机构的调查程序基本相同，不同之处在于，联邦贸易委员会可根据调查结果自行做出行政决定，禁止合并交易，与其在非合并案件民事调查中类似。一般来说，合并审查程序主要包括两个阶段：

第一阶段审查。如合并交易达到法定申报要求，合并当事方应依法向两家执法机构提供拟议合并交易的相关信息，在缴纳相关费用后，进入为期30天的初始等待期，即第一阶段审查。在此期间，司法部反垄断局与联邦贸易委员会将首先按照各自专业领域及经验协商确定由哪家机构对所申报的合并交易进行审查，这个程序也被称为"认可程序"（Clearance Process）。待管辖权商定后，负责审查的执法机构可通过多种渠道获取非公开信息，包括从合并当事方或行业其他参与者处获取材料。

在结束第一阶段审查工作后，司法部反垄断局与联邦贸易委员会根据不同情况采取以下措施：一是如果申报方申请提前结束等待期，执法机构依法予以批准的，须在《联邦纪事》上发布相应公告；二是不采取任何行动，至30天等待期结束，这意味着申报方已自动通过合并审查，执法机构可不再做出正式批准的决定；三是在30天等待期内，根据相关信息无法确定合并交易是否会对竞争产生不利影响的，可在该期限届满之前，向合并当事方提出"进一步信息要求"（Second Request），从而启动第二阶段进一步审查程序。

第二阶段审查。执法机构可在30天初始等待期届满前，提出"进一步信息要求"，要求合并各方提交更加详尽的补充材料。"进一步信息要求"将延长等待期，延长到合并各方提交了实质上符合要求的补充材料之日后的第30天，以便执法机构确认拟议中的交易是否会违反联邦反垄断法。该审查期限可以通过合并当事方与执法机构之间达成协议来获得进一步延长，以解决仍然存在的问题，直至进一步审查结束。

当第二阶段进一步审查结束时，司法部反垄断局和联邦贸易委员会根据不同情况采取以下措施：一是结束调查，且不对合并提出质疑；二是与合并当事方达成和解协议，包括消除反竞争影响的救济措施条款；三是司法部反垄断局向法院起诉，要求禁止合并交易，法院根据民事诉程序进行再次调查。联邦贸易委员会则可根据行政法规定，自行做出禁止合并交易的决定，并向联邦法院申请禁令，禁止合并交易。决策程序与其在非合并民事案件调查中的程序相同，即由联邦贸易委员会投票决定。

事实上，并不是企业合并中的全部交易内容都会对竞争产生不利影响，为保证交易的进行，只需要消除交易所产生的反竞争影响即可，因此，绝大多数的有反竞争影响合并案件都是以签订和解协议的方式结案。

B4. 调查透明度

联邦执法机构在调查过程中给予当事人充分表达意见的机会，包括提供书面材料、与各层级官员见面或召开会议，让其充分了解进展情况，预见调查结果。

在司法部反垄断局的初步调查阶段，不管是民事还是刑事调查，当事人都有机会向执法机构阐述意见，进行申辩。形式可以是面对面的会议，也可以是当事人提交白皮书（White Paper），各方充分表达各自对案件的理解。在民事案件中，司法部反垄断局会事先告诉企业其关注的问题并予以解释，详细程度由工作人员自行决定。如果建议继续调查，当事人还有与司法部反垄断局各级官员见面的机会，甚至有可能见到司法部反垄断局的副局长。司法部反垄断局在处理刑事案件时，非常谨慎。涉嫌刑事案件的当事人还可以与主管刑事的副局长当面交换意见。

联邦贸易委员会由其下设的竞争局和经济局具体负责反垄断事宜。在初步调查过程中，与司法部反垄断局一样，联邦贸易委员会工作人员与当事人保持密切联系，获取需要的信息、数据和见证人。如果联邦贸易委员会需要强制性地获取信息，必须由联邦贸易委员会批准才行。当调查结束后，BC和BE分别向联邦贸易委员会提交调查报告并分别做出是否要委员们投票决定继续调查的建议。实践中，两局的意见经常相左。联邦贸易委员会的委员们也会收到当事人意见。联邦"阳光法案"（Sunshine Act）禁止当事人在行政事务方面与行政机构进行秘密会议。根据联邦贸易委员会的情况，只要参加会议的委员超过比例，例如有两个或三个委员们在场，就必须公开会议或者分别与每个委员召开会议。实践中，当事人会要求与5个委员分别地召开单独会议，并依据委员的个人偏好而提交不同内容的白皮书。

B5. 案件裁定与结果

根据司法部反垄断局和联邦贸易委员会联合发布的报告，2013财年，他们共审查申报合并案件1326起，比2012财年的1429起下降7%多。联邦贸易委员会对23起兼并案件采取措施，其中，16起案件当事人与联邦贸易委员会达成一致意见，2起案件当事人放弃或重组交易，1起联邦贸易委员会向法院提出起诉，4起由联邦贸易委员会发起行政法官调查。司法部反垄断局对15起兼并案件提出意见，其中，7起案件向联邦初级法院提起诉讼，1起案件在联邦初级法院起诉成功；1起案件正在法庭进行，5起案件与当事人和解。联邦贸易委员会报告显示，2013财年联邦贸易委员会对23起兼并案件采取措施。根据司法部反垄断局报告，2013财年司法部反垄断局开始的初步调查案件有81起，进入初步调查状态的案件100起，悬而未决的37起；签发CIDs令的338起，对10起民事非合并案件进行再调查；对5起民事非合并案件提起民事诉讼；共立案50起刑事案件，其中，13起案件进入大陪审团程序，向联邦法院起诉12起民事案件。

附件5　皮耶鲁齐所搜索整理的美国政府选择性、歧视性执法的证据[①]

A. 美国对欧洲各银行下达的罚款

过去10年中，大多数由于不遵守美国经济制裁令做出的处罚都针对欧洲银行；因违犯制裁令而受到"轻微"处罚的美国银行似乎只有摩根大通。

2009年以来，欧洲各银行已经向美国政府缴纳了160亿美元的各类罚款。在下表中，还有必要加上法国兴业银行。2018年6月，它被迫向美国司法部和商品期货交易委员会支付超过10亿美元的罚款，解决涉及操纵伦敦银行同业拆借利率和在利比亚行贿的两起案件。2018年11月，因违反对古巴的禁运令，法国兴业银行向美国司法部和联邦储备委员会支付了13亿美元罚款。

---

① 原文见［法］弗雷德里克·皮耶鲁齐、马修·阿伦：《美国陷阱》，第343—348页。本书在引用时对其内容、结构略有删改。

表1　　　　因违反美国国际制裁令及/或反洗钱
法规而受处罚的最大数额罚款

企业名称	国家（违反行为发生时的总部或总公司所在国）	全球罚款总额（美国财政部海外资产控制中心，美国司法部及/或美联储，及/或美国政府，及/或纽约州）（单位：百万美元）	交易年份
法国巴黎银行	法国	8974	2014
汇丰银行	英国	1931	2012
德国商业银行	德国	1452	2015
法国农业信贷银行	法国	787	2015
渣打银行	英国	667	2012
荷兰国际集团	荷兰	619	2012
瑞士信贷	瑞士	536	2009
荷兰银行/苏格兰皇家银行	荷兰	500	2010
劳埃德银行	英国	350	2009
巴克莱银行	英国	298	2010
德意志银行	德国	258	2015
斯伦贝谢	法国/美国/荷兰	233	2015
明讯银行	卢森堡	152	2014
瑞银集团	瑞士	100	2004
摩根大通	美国	88	2011

资料来源：摘自国民议会外交和社会事务委员会，针对美国域外立法管辖权的资料报告，2016年10月5日。

B. 通用电气如何掩盖自己的行贿事实

2008年，通用电气消费品工业部的法务人员安德烈娅·科克对自己的上级发出了警告。她发现公司内部有一套偷逃增值税的系统，并揭露销售部门的管理人员在巴西进行了一些可疑行为（行贿）。她的顶头上司是如何做的呢？他们向这位法务人员表达了感谢，然后就把她辞退了！后来，当媒体追踪这起丑闻时，以"反腐败斗士"自诩的通用电气，拿出了支票簿并与科克达成协议，使她对此事缄口不言。

另外，还有一个相似的案例：以通用电气伊拉克分公司总裁的名字命名的阿萨迪事件。2010年夏天，哈立德·阿萨迪反对公司聘用伊马姆·马哈茂德，一位与伊拉克电力部副部长关系密切的女性。阿萨迪拒绝为了获得价值25亿美元的合同，而帮她在公司内部安排一个合规官的岗位。在向上级汇报此事后，阿萨迪拥有了和科克相同的命运：他被公司推出大门，上级强迫他辞职。

随后，阿萨迪将通用电气告上法庭，认为本案应当适用美国制定的保护举报人的《多德—弗兰克法案》。但是美国司法部驳回了他的诉求。美国司法部的依据如下：由于案件事实发生在国外，《多德—弗兰克法案》不适用于本案。也就是说，美国认为自己拥有域外管辖权，可以追究其他公司，但不是用来保护举报人的。

C.

表2　　因违反美国《反海外腐败法》向美国政府
支付罚款（>1亿美元）的公司

序号	企业名称	国家	时间	美国罚款金额（司法部和证券交易委员会）（单位：百万美金）	受到刑事追诉的雇员数量
1	西门子	德国	2008	800	8
2	阿尔斯通	法国	2014	772	4
3	瑞典电信	瑞典	2017	691.6	0
4	美国凯洛洛·布朗·鲁特公司/哈里伯顿公司	美国	2009	579	2
5	泰华制药	以色列	2016	519	0

续表

序号	企业名称	国家	时间	美国罚款金额（司法部和证券交易委员会）（单位：百万美金）	受到刑事追诉的雇员数量
6	奥式资本	美国	2016	412	0
7	英国航空航天系统公司	英国	2010	400	0
8	道达尔	法国	2013	398.2	0
9	维佩尔通讯	荷兰	2016	397.5	0
10	美国铝业公司	美国	2014	384	0
11	埃及集团/斯纳姆普罗盖蒂公司	意大利	2010	365	0
12	德希尼布	法国	2010	338	0
13	法国兴业银行	法国	2018	293	0
14	松下	日本	2018	280	0
15	摩根大通	美国	2016	264	0
16	奥迪布莱切特公司/巴西国家化学公司	巴西	2017	260	0
17	荷兰SBM海洋系统与服务公司	荷兰	2017	238	2
18	日挥株式会社	日本	2011	218.8	0
19	巴西航空工业公司	巴西	2016	205.5	1
20	戴姆勒	德国	2010	185	0
21	巴西石油	巴西	2018	170.6	0
22	劳斯莱斯	英国	2017	170	3
23	韦瑟福德	瑞士	2013	152.6	0
24	阿尔卡特	法国	2010	138	2
25	雅芳	美国	2014	135	0
26	凯佩尔	新加坡	2017	105	1

注：欧洲：53.39亿美元；美国：17.74亿美元；其他国家：17.59亿美元。总计：88.72亿美元。

资料来源：由IKARIAN进行的分析摘要。

D.

表3　道琼斯30指数和CAC指数上市公司因违反美国《反海外腐败法》而得到的不同待遇

道琼斯30指数	CAC40指数
司法部：3家公司 ·强生，2011年 ·辉瑞，2012年 ·摩根大通，2016年	司法部：5家公司 ·德希尼布，2010年 ·阿尔卡特，2010年 ·道达尔，2013年 ·阿尔斯通，2014年 ·法国兴业银行，2018年
证券交易委员会：2家公司 ·IBM（国际商业机器），2000及2011年 ·陶氏化学，2007年	证券交易委员会：1家公司 ·赛诺菲，2018年
没有雇员被提起诉讼	6名雇员被提起诉讼
罚款总额：3.43亿美元	罚款总额：19.65亿美元

资料来源：由IKARIAN进行的分析摘要。

参考文献

中文文献

专（编）著

彼得·伦斯特洛姆主编：《美国法律辞典》，贺卫方等译，中国政法大学出版社1998年版。

［法］弗雷德里克·皮耶鲁齐、马修·阿伦：《美国陷阱》，法意译，中信出版集团2019年版。

韩培德、韩建：《美国国际私法（冲突法）导论》，法律出版社1994年版。

何迪、徐家宁主编：《中美关系200年》，中国香港：中华书局2016年版。

黄风：《国际刑事司法合作的规则与实践》，北京大学出版社2008年版。

黄进：《国家及其财产豁免问题研究》，中国政法大学出版社1987年版。

江国清：《演变中的国际法问题》，法律出版社2002年版。

孔华润主编：《剑桥美国对外关系史：第四卷》，王琛译，新华出版社2004年版。

李双元、欧福永主编：《国际私法》，北京大学出版社2006年版。

李旺：《国际诉讼竞合》，中国政法大学出版社2002年版。

李文沛：《国际海洋法之海盗问题研究》，法律出版社2010年版。

李响：《美国民事诉讼法的制度、案例与材料》，中国政法大学出版社2006年版。

李晓、丁一兵：《亚洲的超越》，当代中国出版社2006年版。

列宁：《帝国主义是资本主义的最高阶段》，中共中央马克思恩格斯列宁斯大林著作编译局译，人民出版社1959年版。

刘力：《国际民事诉讼管辖权研究》，中国法制出版社2004年版。

卢建平、张旭辉主编：《美国反海外腐败法解读》，中国方正出版社2007年版。

普莱斯·费希拜克等：《美国经济史新论：政府与经济》，张燕等译，中信出版社2013年版。

石广生：《中国对外经济贸易改革和发展史》，人民出版社2013年版。

史蒂芬·格菲斯：《巴朗法律辞典》，蒋新苗译，中国法制出版社2012年版。

斯坦利·恩格尔曼、罗伯特·高尔曼主编：《剑桥美国经济史》（第三卷）高德步等译，中国人民大学出版社2008年版。

王绳祖主编：《国际关系史》（第七卷），世界知识出版社1995年版。

王铁崖主编：《国际法》，法律出版社1995年版。

吴振洲：《狱中日记》，中国水利水电出版社2010年版。

徐卉：《涉外民商事诉讼管辖权冲突研究》，中国政法大学出版社2001年版。

余文景编译：《汉译简明英国法律辞典》，大块文化出版公司1973年版。

詹姆斯·布坎南：《自由的界限》，董子云译，浙江大学出版社2012年版。

张茂：《美国国际民事诉讼法》，中国政法大学出版社1999年版。

中国社会科学院法学研究所《法律辞典》编委会编:《法律辞典》,法律出版社 2003 年版。

论文

Robert C. Casad:《论美国民事诉讼中的管辖权》,刘新英译,《法学评论》1999 年第 4 期。

崔丕:《冷战转型期的美日关系——对东芝事件的历史考察》,《世界历史》2010 年第 6 期。

戴龙:《日本应对国际贸易摩擦的经验和教训及其对中国的启示》,《当代亚太》2011 年第 4 期。

杜涛:《国际私法国际前沿年度报告(2016—2017)》,《国际法研究》2018 年第 3 期。

杜涛:《美国联邦法院司法管辖权的收缩及其启示》,《国际法研究》2014 年第 2 期。

杜涛:《美国证券法域外管辖权:终结还是复活?》,《证券法苑》2012 年第 7 卷。

杜雁芸:《美国网络霸权实现的路径分析》,《太平洋学报》2016 年第 2 期。

葛辉:《美国单边主义税收措施域外管辖的运行机理及其启示——以 FATCA 法案为例》,《南京大学法律评论》2018 年第 1 期。

郭梦蝶:《两部法案的"身世"之谜:对〈克莱顿法〉和〈谢尔曼法〉立法背景的分析》,《兰州学刊》2016 年第 12 期。

郭玉军、甘勇:《美国法院的"长臂管辖权"——兼论确定国际民事案件管辖权的合理性原则》,《比较法研究》2000 年第 3 期。

何英莺:《论战后日美军事同盟中的摩擦关系》,博士学位论文,复旦大学,2003 年。

侯文富:《"东芝事件"及其影响刍议》,《日本学刊》2000 年第 1 期。

胡剑萍、阮建平：《美国域外经济制裁及其冲突探析》，《世界经济与政治》2006年第5期。

黄仁伟：《美国例外论VS中国例外论》，《社会观察》2013年第4期。

黄益平：《国际货币体系变迁与人民币国际化》，《国际经济评论》2009年第3期。

黄昱程：《美国银行间支付结算系统（CHIPS）之运作》，《财经资讯季刊》2011年第3期。

江时学：《新自由主义、"华盛顿共识"与拉美国家的改革》，《当代世界与社会主义》2003年第6期。

李国清：《美国证券法域外管辖权问题研究》，厦门大学出版社2008年版。

李淑芬：《中曾根内阁时期的日美军事关系》，硕士学位论文，东北师范大学，2009年。

李彤云：《霸权衰落：美国20世纪80年代的对日管理贸易——贸易保护和自由贸易的大辩论》，《兰州学刊》2009年第5期。

李巍：《制衡美元的政治基础——经济崛起国应对美国货币霸权》，《世界经济与政治》2012年第5期。

李向阳：《布雷顿森林体系的演变与美元霸权》，《世界经济与政治》2005年第10期。

李珍：《"华盛顿共识"与发展中国家"新自由主义"改革》，《世界经济与政治》2002年第5期。

马文秀、裴桂芬：《日本的全套型产业结构与日美贸易摩擦》，《日本学刊》2008年第2期。

潘亚玲：《美国崛起的社会心理演变——从榜样到救世主》，《国际展望》2019年第2期。

潘忠歧：《例外论与中美战略思维的差异性》，《美国研究》2017年第2期。

齐兰、文根第：《国际金融霸权形成与更迭的历史考察及其启示》，《经济问题》2019年第5期。

钱学锋：《世界证券市场的日益国际化与美国证券法的域外管辖权》（上），《法学评论》1994年第3期。

钱学锋：《世界证券市场的日益国际化与美国证券法的域外管辖权》（下），《法学评论》1994年第5期。

钱学锋：《世界证券市场的日益国际化与美国证券法的域外管辖权》（中），《法学评论》1994年第4期。

尚微、蔡宁伟：《美国巨额监管处罚的主体、对象、内容与趋势》，《西南金融》2018年第5期。

孙君建：《克林顿总统时期美国对华政策形成的特点——以总统、国会在对华贸易最惠国待遇问题上的争论为例》，《史学月刊》2005年第6期。

谭融：《利益集团与美国对华贸易政策——中国贸易"最惠国待遇"案例研究》，《吉林大学社会科学学报》2004年第4期。

陶坚：《从经济和贸易角度看美国延长对华贸易最惠国待遇》，《教学与研究》1994年第5期。

王晓德：《"美国例外论"与美国文化全球扩张的根源》，《世界经济与政治》2006年第7期。

王学棉：《美国民事诉讼管辖权探究——兼论对Personal Jurisdiction的翻译》，《比较法研究》2012年第5期。

王元元等：《美国反洗钱监管案例研究》，《西部金融》2018年第3期。

魏全平：《日本向苏联出口数控机床引起的风波》，《国际展望》1987年第13期。

肖娱：《美国货币政策冲击的国际传导研究——针对亚洲经济体的实证分析》，《国际金融研究》2011年第9期。

徐伟功：《美国国际民事诉讼管辖权的两大阀门——不方便发言原

则与禁诉命令》,《甘肃政法学院学报》2006年第2期。

杨剑:《开拓数字边疆:美国网络帝国主义的形成》,《国际观察》2012年第2期。

尹小平、崔岩:《日美半导体产业竞争中的国家干预——以战略性贸易政策为视角的分析》,《现代日本经济》2010年第1期。

于洪洋:《冷战时期日本安全政策的历史演变》,博士学位论文,吉林大学,2017年。

张一品:《里根时期的美日贸易摩擦研究》,硕士学位论文,辽宁大学,2013年。

赵嘉、唐家龙:《美国产业结构演进与现代产业体系发展及其对中国的启示——基于美国1947—2009年经济数据的考察》,《科学学与科学技术管理》2012年第1期。

中国科学院科技战略咨询研究院等:《2016研究前沿》,2016年。

周琪:《"美国例外论"与美国外交政策传统》,《中国社会科学》2000年第6期。

宗良等:《纽约金融中心建设的经验与启示》,《国际金融》2013年第9期。

外文文献

Adam Clay Thompson and Trevor Paglen, *Torture Taxi: On the Trail of the CIA's Rendition Flights*, Hoboken, N. J.: Melville House, 2006.

American Law Institute, Restatement of the Law, the Foreign Relations Law of the United States, 1987.

An Act toProtect Trade and Commerce against Unlawful Restraints and Monopolies of 1890, July 2, 1890, ch. 647, 26 US Statutes at Large, 209, 2014.

Anthony S. Barkow and Rachel E. Barkow, *Prosecutors in the Board-*

room: Using Criminal Law to Regulate Corporate Conduct, New York: New York University Press, 2011.

Asahi Metal Industry Co. v. Superior Court, 480 U. S. 102 (1987).

Benjamin J. Cohen, *The Future of Money*, Princeton: Princeton University Press, 2006.

B. Guy Peters, *The Politics of Bureaucracy*, 5th ed., London: Routledge, 2001.

Carlos R. Soltero, *Latinos and American Law Landmark Supreme Court Cases*, Austin, TX: University of Texas Press, 2006.

Charles Doyle, *Extraterritorial Application of American Criminal Law: An Abbreviated Sketch*, Congressional Research Service, February 15, 2012.

Christian Whiton, *Smart Power: Between Diplomacy and War*, Washington, D. C.: Potomac Books, 2013.

Convention on Jurisdiction and The Recognition and Enforcement of Judgments in Civil and Commercial Matters, OJ L 339, 21. 12. 2007.

David Shambaugh, Dealing with China: Tough Engagement and Managed Competition, *Asia Policy*, Vol. 23, No. 1, 2017.

David Skidmore and William Gates, After Tiananmen: The Struggle over US Policy toward China in the Bush Administration, *Presidential Studies Quarterly*, Vol. 27, No. 3, 1997.

Duncan Snidal, The Limits of Hegemonic Stability Theory, *International Organization*, Vol. 39, No. 4, Autumn, 1985.

EC Convention on Jurisdiction and the Enforcement of Judgments in Civil and Commercial Matters, Brussels 1968, European Union.

Elizabeth A. Martin, ed., *Oxford Dictionary of Law*, Shanghai: Shanghai Foreign Language Education Press, 2007.

Ernest J. Wilson III, Hard Power, Soft Power, Smart Power, *The An-*

nals of the American Academy of Political and Social Science, Vol. 616, No. 1, 2008.

Foreign Corrupt Practices Act of 1977, Public Law 95 – 213, 95th Congress, 1st sess, December 19, 1977.

Francis Fukuyama, *The End of History and the Last Man*, New York: Free Press, 1992.

Fred L. Block, *The Origins of International Economic Disorder: A Study of United States International Monetary Policy from World War II to the Present*, Berkeley: University of California Press, 1977.

Frédéric Pierucci avec Matthieu Aron, *Le Piège Américain*, Paris: Jean-Claude Lattès, 2019.

Graham Allison, China vs. America: Managing the Next Clash of Civilizations, *Foreign Affairs*, Vol. 96, 2017.

Graham Allison, *Destined for War: Can America and China Escape Thucydides's Trap?* Boston: Houghton Mifflin Harcourt, 2017.

Henry M. Paulson, *Dealing with China: An Insider Unmasks the New Economic Superpower*, New York: Twelve, 2015.

Illinois Statutes Charpter 735, Civil Procedure Sec. 209, *Act Submitting to Jurisdiction - Process*, Illinois Compiled Statutes.

Itoba Ltd. v. LEP Group PLC, 54 F. 3d 118, 1995 U. S. App. LEXIS 10774, Fed. Sec. L. Rep. (CCH) P98, 815 (2d Cir. Conn. May 15, 1995).

Jason Chaffetz, *The Deep State: How an Army of Bureaucrats Protected Barack Obama and Is Working to Destroy the Trump Agenda*, New York: Broadside Books, 2018.

John Barron, *Breaking the Ring: The Bizarre Case of the Walker Family Spy Ring*, Boston: Houghton Mifflin, 1987.

John B. Houck, Restatement of the Foreign Relations Law of the United

States (Revised): Issues and Resolutions, *The International Lawyer*, Vol. 20, No. 4, 1986.

Jonathan Moyer, *Power and Influence in A Globalized World*, Atlantic Council, January 2018.

Joseph S. Nye, Get Smart: Combining Hard and Soft Power, *Foreign Affairs*, 2009.

Kal J. Holsti, Exceptionalism in American Foreign Policy: Is It Exceptional? *European Journal of International Relations*, Vol. 17, No. 3, 2011.

Karl W. Deutsch, *Political Community and the North Atlantic Area: International Organization in the Light of Historical Experience*, Princeton: Princeton University Press, 1968.

Kevin LaCroix, U. S. Securities Enforcement Authorities' Extraterritorial Reach Under Morrison, Dodd-Frank Act, *RT ProExec*, April 16, 2017.

Kristen Boon, et al., *Extraordinary Rendition*. New York, N. Y.: Oxford University Press, 2010.

Lam Peng Er, China, the United States, Alliances, and War: Avoiding the Thucydides Trap? *Asian Affairs: An American Review*, Vol. 43, No. 2, 2016.

Luke Rosiak, *Obstruction of Justice: How the Deep State Risked National Security to Protect the Democrats*, Washington DC: Regnery Publishing, 2019.

Michael Akehurst, *Jurisdiction in International Law*, 46 British Year Book, International Law, 145 (1972 – 1973).

Michael Mastanduno, *Economic Containment: Cocom and the Politics of East-West Trade*, Ithaca, N. Y.: Cornell University Press, 1992.

Mike Lofgren, *The Deep State: the Fall of the Constitution and the Rise of a Shadow Government*, New York: Viking, 2016.

Organization for Economic Cooperation and Development, *Convention on Combating Bribery of Foreign Public Officials in International Business Transactions and Related Documents*, 2011.

Paul A. Arnold, *About America: How the United States Is Governed*, Herndon, Va. : Braddock Communications, 2004.

Permanent Court of International Justice, *The Case of the S. S. Lotus France v. Turkey*, September 7, 1927.

Peter Dale Scott, *The American Deep State: Wall Street, Big Oil, and the Attack on U. S. Democracy*, Lanham: Rowman & Littlefield, 2015.

Qi Kai, Alternative Rating Agency, *China Africa*, September 2017.

Randall L. Schweller and Xiaoyu Pu, After Unipolarity: China's Visions of International Order in An Era of US Decline, *International Security*, Vol. 36, No. 1, 2011.

Richard Goldberg, What Trump Must Do to Stop Europe from End-Running His Iran Sanctions, *New York Post*, September 26, 2018.

Richard Lee Armitage and Joseph S. Nye, *CSIS Commission on Smart Power: A Smarter, More Secure America*, CSIS, 2007.

Robert A. Carp, et al. , *Judicial Process in America*, Washington D. C. : CQ Press, 2011.

Robert B. Zoellick, US, China and Thucydides, *The National Interest*, Vol. 126 2013.

Robert D. Atkinson and Caleb Foote, Is China Catching Up to the United States in Innovation? *Information Technology and Innovation Foundation*, 2019.

Robert J. Miller and Elizabeth Furse, *Native America, Discovered and Conquered: Thomas Jefferson, Lewis & Clark, and Manifest Destiny*, Westport, Conn: Praeger Publishers, 2006.

Rosalyn Higgins, *Problems and Process: International Law and How We Use It*, New York: Oxford University Press, 1994.

Securities Act of 1933, Public Law 73 - 22, 73d Cong., 1st sess. (May 27, 1933).

Securities and Exchange Commission v. UTStarcom, Inc., Case No. CV - 09 - 6094 (JSW) (N. D. Cal. filed Dec. 31, 2009).

Securities Exchange Act of 1934, Public Law 73 - 291, 73d Cong., 2d sess. (June 6, 1934).

Shearman & Sterling LLP, *FCPA Digest: Recent Trends and Patterns in the Enforcement of the Foreign Corrupt Practices Act*, January 2012.

Shearman & Sterling LLP, *FCPA Digest: Recent Trends and Patterns in the Enforcement of the Foreign Corrupt Practices Act*, January 2019.

Stephen Grey, *Ghost Plane: The True Story of the CIA Torture Program*, New York City: St. Martin's Press, 2006.

Supreme Court of The United States, *Goodyear Dunlop Tires Operations, S. A. v. Brown*, 564 U. S. 915, 2011.

Supreme Court of the United States, *J. McIntyre Machinery, Ltd. v. Nicastro*, 564 U. S. 873 (2011), June 27, 2011.

Supreme Court of the United States, *Morrison v. National Australia Bank*, 561 U. S. 247 (2010), June 24, 2010.

Suzanne Nossel, Smart Power, *Foreign Affairs*, Vol. 83, 2004.

The New Jersey Automobile Law of 1906, as amended in 1908 (P. L. 1908).

Thomas E. Borcherding, ed., *Budgets and Bureaucrats: the Sources of Government Growth*, Durham, N. C.: Duke University Press, 1977.

Trevor McCrisken, *American Exceptionalism and the Legacy of Vietnam: US Foreign Policy Since 1974*, London: Palgrave Macmillan, 2003.

Trevor Paglen, *Blank Spots on the Map: The Dark Geography of the*

Pentagon's Secret World, New York: Duton, 2010.

United States Court of Appeals, Leasco Data Processing Equip. Corp v. Maxwell, 468 F. 2d 1326 (2d Cir. 1972), Discussion.

United States Court of Appeals, Leasco Data Processing Equip. Corp v. Maxwell, 468 F. 2d 1326 (2d Cir. 1972), October 30, 1972.

United States Office of Technology Assessment, *Technology and East-West Trade*, Washington: U. S. Govt. Print. Off. , 1979.

United States v. Yunis, 681 F. Supp. 896, 1988 U. S. Dist. LEXIS 1857 (1988).

US against Jeffrey Webb, et al. , *Indictment* 15 CR 0252 (RJD) (RML), United States District Court, Eastern District of New York.

US v. Magyar Telekom, Plc. : Court Docket No. 11 – CR – 597 (12/29/11) .

US v. Marubeni Corporation: Docket No. 12 – CR –022 (01/17/12) .

US v. Snamprogetti Netherlands B. V. : Docket No. 10 – CR –460 (07/07/10) .

U. S. 133 CONG. REC. S8998 (June 30, 1987) .

U. S. Antitrus Law, *The Clayton Antitrust Act of* 1914, Public Law 63 – 212, 63rd Cong. , 2d sess. (October 14, 1914) .

U. S. Congress, *Foreign Account Tax Compliance Act of* 2010, Public Law 111 – 147, 111st Congress, 2d sess, March 18, 2010.

U. S. Constitution, amend.

U. S. Constitution.

U. S. Court of Appeals, *Continental Grain, Etc. v. Pacific Oilseeds*, 592 F. 2d 409 (8th Cir.), February 6, 1979.

U. S. Court of Appeals, *Gucci Am. , Inc. v. Weixing Li*, 768 F. 3d 122 (2d Circuit), September 17, 2014.

U. S. Court of Appeals, *Tiffany LLC v. China Merchants Bank*, 589

Fed. App 550 (2nd Cir. , 2014), September 17, 2014.

U. S. Court of Appeals, Tire Eng'g & Distribution L. L. C. v. Bank of China Ltd, 740 F. 3d 108 (2d Cir. 2014), January 14, 2014.

U. S. Court of Appeals, United States v. Aluminum Co. Of America et. al, 148 F. 2d 416 (2d Cir. 1945), March 12, 1945.

U. S. Courts, *The Federal Rules of Civil Procedure*, Rule 4 (k) (1), December 1, 2018.

U. S. Department of Justice, Criminal Resource Manual (2000).

U. S. Department of Justice, Justice Manual (2008).

U. S. District Court for the Southern District of New York, Bersch v. Drexel Firestone, Inc. , 389 F. Supp. 446 (S. D. N. Y. 1974), November 27, 1974.

U. S. District Court for the Southern District of New York, Schoenbaum v. Firstbrook, 268 F. Supp. 385 (S. D. N. Y. 1967), March 29, 1967.

U. S. District Court for the Southern District of New York, United States v. Watchmakers of Switzerland Inf. C. , 133 F. Supp. 40 (S. D. N. Y. 1955), September 15, 1995.

U. S. District Court, US v. Alstom Power, Inc. , Case 3：14 - cr - 00248 - JBA Document 4 Filed 12/22/14.

U. S. Supereme Court, Burger King v. Rudzewicz, 471 U. S. 462 (1985), May 20, 1985.

U. S. Supreme Court, Hanson v. Denckla, 357 U. S. 235, June 23, 1958.

U. S. Supreme Court, Helicopteros Nacionales v. Hall (de Columbia), 466 U. S. 408 (1984), April 24, 1984.

U. S. Supreme Court, Hendrick v. Maryland, 235 U. S. 610 (1915), January 5, 1915.

U. S. Supreme Court, Hess v Pawloski, 274 U. S. 352（1927）, May 16, 1927.

U. S. Supreme Court, International Shoe v. State of Washington, 326 U. S. 310（1945）, December 1945.

U. S. Supreme Court, McGee v. International Life Insurance Co., 355 U. S. 220（1957）, December 16, 1957.

U. S. Supreme Court, Pennoyer v. Neff, 95 US 714（1878）.

U. S. Supreme Court, Perkins v. Benguet Consolidated Mining Co., 342 U. S. 437（1952）, March 3, 1952.

U. S. Supreme Court, United States v. Verdugo-Urquidez, 494 U. S. 259（1990）, February 28, 1990.

U. S. Supreme Court, World-Wide Volkswagen Corp v. Woodson, 444 U. S. 286（1980）, January 21, 1980.

U. S. v. Frederic Pierucci: Docket No. 12 – CR – 238 – JBA（04/16/2013）.

U. S. v. Huawei Technologies Co. Ltd., et al., E. D. N. Y. Docket No. 18 – CR –457（AMD）（01/24/2019）.

Vinton G. Cerf and Edward Cain, The DoD Internet Architecture Model, *Computer Networks*, Vol. 7, No. 5, 1976（1983）.

Wende A. Wrubel, Toshiba-Kongsberg Incident: Shortcomings of Cocom, and Recommendations for Increased Effectiveness of Export Controls to the East Bloc, *Am. UJ Intl'l L. & Pol'y*, Vol. 4, 1989.

William A. Niskanen, Jr., *Bureaucracy and Representative Government*, Chicago: Aldine, Atherton, 1971.

William H Rehnquist, Constructing the State Extraterritorially: JurisdictionalDiscourse, the National Interest, and Transnational Norms, *Harvard Law Review*, Vol. 103, No. 6, 1990.

Zbigniew Brzezinski, Can China Avoid the Thucydides Trap? *New Per-*

spectives Quarterly, Vol. 31, No. 2, 2014.

网络资源

北京法院网。

北京环球律师事务所网。

《参考消息》网。

德国之声网。

国务院新闻办公室网。

华为公司网。

《联合早报》网。

《纽约时报》中文网。

《人民日报》。

《上海外贸报》过刊档案库网。

英国《金融时报》中文网。

《中华人民共和国刑法》(1997年10月1日起施行)。

中国人民大学法学院法学实验实践教学中心网。

中国商务部网。

中国商务部驻美国经商参处网。

中国外交部网。

中国外交部驻澳门特别行政区特派员公署网。

Official Website of Aljazeera.

Official Website of American Law Institute.

Official Website of BBC.

Official Website of Canda Broadcasting Company.

Official Website of Clearing House Interbank Payments System.

Official Website of CNBC.

Official Website of CNN.

Official Website of Continuous Linked Settlement.

Official Website of Department of Justice Canada.

Official Website of FCPA Professor.

Official Website of Foreign Corrupt Practices Act Clearinghouse, Stanford Law School.

Official Website of Georgewbush-Whitehouse. Archives. Gov.

Official Website of Gizmodo.

Official Website of Huffington Post.

Official Website of Internal Revenue Service.

Official Website of International Monetary Fund.

Official Website of New York Times.

Official Website of Office of the United States Trade Representative.

Official Website of Reuters.

Official Website of ShareAmerica.

Official Website of Society for Worldwide Interbank Financial Telecommunication.

Official Website of South China Morning Post.

Official Website of Sputnik.

Official Website of Statista.

Official Website of The Economist.

Official Website of The Global and Mail.

Official Website of The White House.

Official Website of Toronto Star.

Official Website of United States Department of State.

Official Website of United States Department of the Treasury.

Official Website of US Antitrust Division.

Official Website of US Bureau of Industry and Security.

Official Website of US Census Bureau.

Official Website of US Commodity Futures Trading Commission.

Official Website of US Consumer Financial Protection Bureau.

Official Website of US Council on Environmental Quality.

Official Website of US Counter Threat Finance and Sanctions.

Official Website of US Department of Commerce.

Official Website of US Department of Energy.

Official Website of US Department of Homeland Security.

Official Website of US Department of Justice.

Official Website of US Drug Enforcement Administration.

Official Website of US Environmental Protection Agency.

Official Website of US Federal Bureau of Investigation.

Official Website of US Federal Energy Regulatory Commission.

Official Website of US Federal Reserve System.

Official Website of US Federal Trade Commission.

Official Website of US Financial Crimes Enforcement Network.

Official Website of US Financial Industry Regulatory Authority.

Official Website of US Financial Stability Oversight Council.

Official Website of US International Trade Commission.

Official Website of US National Credit Union Administration.

Official Website of US National Security Division.

Official Website of US Office of Economic Sanctions Policy and Implementation.

Official Website of US Office of Export Enforcement.

Official Website of US Office of Foreign Assets Control.

Official Website of US Office of Terrorism and Financial Intelligence.

Official Website of US Office of the Comptroller of the Currency.

Official Website of US Office of Thrift Supervision.

Official Website of US Securities and Exchange Commission.

Official Website of Wall Street Journal.

Official Website of Washington Post.

Official Website of Wikipedia.

Official Website of World Bank.

Official Website of YCharts.

致　　谢

这是我学术生涯中的第二本专著，从构思、撰写、修订，到最终出版，所有的环节，我得到了许多师长学友的热心关怀与帮助。因此，我必须向所有人表达我最真诚的谢意。当然，囿于篇幅，难以一一列明尊讳，这也让我深感歉意。

2019年以来，中国政法大学全球化与全球问题研究所的蔡拓教授、刘贞晔教授不断鼓励我在全球治理领域做出更深的探索。彼时，我在中国人民大学国家安全研究院陈岳教授的领导下，刚刚主持完毕《中国海外安全风险蓝皮书（2019）》的编撰工作，对中国海外投资风险问题有了一定的了解。在与中国社会科学院亚太与全球战略研究院刘乐博士进行了多次的研讨之后，最终我决定首先以论文的形式开展有关美国"长臂管辖"与全球经济治理的研究。这个主题可以被视为是全球治理与中国海外投资风险的交叉议题。

在论文撰写期间，中国人民大学国际关系学院的方长平教授、中央民族大学民族学与社会学学院的王伟副教授和杨森博士、蒙特雷国际问题研究院的蔺睿研究员，都给了我很多的鼓励。在论文初稿诞生以后，外交学院的陈志瑞教授和吴文成副编审、对外经济贸易大学国际关系学院的魏玲教授都提出了宝贵的修改意见，特别是陈志瑞老师细心、严谨、关爱后学的大家风度让我始终感怀于心。

与此同时，刘贞晔教授鼓励我趁热打铁，利用已有的较为丰富的文献基础，将其扩展为一本专著。这便是这本书最终诞生的全部由来。再次感谢这些师长、学友对我的鼓励、鞭策与帮助。

在开展研究的过程中，中国政法大学的霍政欣教授、康奈尔大学法学院校友杨晶博士和杨睿先生给我提供了来自法学界的观点。北京大学新结构经济学研究院的钱玲女士、燕京学堂的王蓉女士、法学院的姜贺文先生，中国人民大学国际关系学院的罗绍琴女士、杨双梅女士和郑海琦先生，为我不厌其烦地借阅各种书籍。康奈尔大学中国与亚太研究项目驻北京大学办公室，以及王伟副教授都竭尽所能地为我提供了最便利的后勤条件。

2019年夏末，我回到家乡，以获得更安静的写作环境。逗留期间，我的家人，以及亲友刘敬敬女士和刘磊女士为我提供了优渥的写作条件，使得这段时间里我的写作效率是最高的。

在这里，我要专门感谢我的学生仇可欣女士。从她2014年考入北京大学以来，我们亦师亦友的关系存续至今。如今已是北京大学国际关系学院硕士生的可欣，曾经有过一整年援疆支教从事语文教学的宝贵经历，精于文字工作的她自告奋勇且不计报酬地为我承担了此书文稿审校的繁琐工作。另外，香港中文大学的王珂女士也较早阅读了我的手稿，并以读者的身份提出了宝贵的意见。

得益于中国政法大学的全力支持，我获得了充足的出版资助，在此特别感谢中国政法大学人事处和刘惠敏老师。感谢人事处的程丽萍女士承担了大量的协调工作。整个出版工作由中国社会科学出版社重大项目出版中心编辑白天舒女士负责，她是最重要的把关者，为此书的出版付出了大量的时间与精力。感谢谢肇文先生为我专门创作了封面插画。感谢我的好友、世界卫生组织的 Xiaohan Ji 女士润色了本书的英文译名。

拙作面世之际，感谢中国人民大学国际关系学院的金灿荣教授、北京大学国际关系学院的贾庆国教授拨冗阅读书稿并欣然题写推荐语。

一路走来，所有师长亲友的支持我都铭记于心，再次感谢大家。